中华文化
新读

沉沙无意却成洲

中国经济改革的文化底色

厉以宁　著

四川人民出版社

图书在版编目（CIP）数据

沉沙无意却成洲：中国经济改革的文化底色 / 厉以宁著.
— 成都：四川人民出版社，2021.11
ISBN 978-7-220-12408-2

Ⅰ.①沉… Ⅱ.①厉… Ⅲ.①中国经济－经济改革－研究
Ⅳ.①F12

中国版本图书馆CIP数据核字（2021）第204261号

CHENSHAWUYIQUECHENGZHOU ZHONGGUOJINGJIGAIGEDEWENHUADISE

沉沙无意却成洲：中国经济改革的文化底色

厉以宁　著

出 版 人	黄立新
责任编辑	王其进
特约编辑	刘净植
封面设计	蔡立国
内文设计	毕梦博
内文排版	吴　磊
责任印制	祝　健

出版发行	四川人民出版社（成都市槐树街2号）
网　　址	http://www.scpph.com
E-mail	scrmcbs@sina.com
新浪微博	@四川人民出版社
微信公众号	四川人民出版社
发行部业务电话	（028）86259624　86259453
防盗版举报电话	（028）86259624
印　　刷	成都国图广告印务有限公司
成品尺寸	130mm×200mm
印　　张	7.5
字　　数	122千
版　　次	2021年11月第1版
印　　次	2021年11月第1次印刷
书　　号	ISBN 978-7-220-12408-2
定　　价	58.00元

图书策划：■ 活字文化

目录

第二章　何不乘风破例飞

第三章　溪泉涓滴却无穷

代序

鹧鸪天

大学毕业自勉
1955 年作，1985 年修改

溪水清清下石沟，千弯百折不回头，兼容并蓄终宽阔，若谷虚怀鱼自游。

心寂寂，念休休，沉沙无意却成洲。一生治学当如此，只计耕耘莫问收。

第一章　岂是闲吟风与月

菊花已谢，静待梅枝花信夜。

莫患无家，新树新权宿旧鸦。

诗情不绝，岂是闲吟风与月？

好景斜阳，片片飞云一色黄。

———《减字木兰花》，1985

国王的大量赏赐未必是件好事

——在希腊想起了亚历山大的慷慨大方

雅典似乎是马其顿国王亚历山大最垂青的希腊城邦。有关亚历山大的书籍经常提到这样几个原因：一是亚历山大的老师亚里士多德早年在雅典求学过，也在雅典任过教，师恩难忘，所以亚历山大后来一直尊重雅典城邦；二是亚历山大作为一个雅典文化的崇拜者，他不愿意毁坏雅典的古迹和市容，而把雅典城邦尽可能地保存下来；三是雅典在希腊各个城邦中居于政治中心、商业中心和文化中心的地位，对其他希腊城邦有巨大的影响，只要雅典能顺从马其顿王国的统治，希腊全境就容易被亚历山大控制了；四是亚历山大雄心勃勃，他并不以控制了希腊全境为满足，而想以希腊本土为基地，跨海东征，征服波斯帝国，因此他必须笼络雅典人，向雅典人表示善意，希望得到雅典人对东征的支持。

正因为如此，所以在亚历山大继位为马其顿国王后，为了准备东征波斯，先要平定北部边境凯尔特人的骚扰和劫掠活动，于是亚历山大率军北上。突然，一个谣言传到了希腊境内，说亚历山大在讨伐北方蛮族时阵亡了。希腊城邦底比斯获得这个消息，信以为真，便联合雅典和其他希腊城邦宣布起义。亚历山大留守在希腊境内的军队不足，他立即带兵悄悄从北方边境抵达底比斯附近，迅速攻陷了底比斯，并大肆镇压：底比斯城邦的城区被夷为平地，居民被卖为奴隶。雅典当时也附和底比斯，参加了反马其顿的起义。可是，雅典一听说"亚历山大在北方阵亡是一个谣言""亚历山大大军又南下了""底比斯被彻底摧毁了"，惊慌失措，赶紧派人前往亚历山大那里认错，并对他镇压底比斯的成功表示祝贺。亚历山大决定对底比斯和雅典区别对待：宽恕了雅典，不再计较。雅典人这才放心。

接着亚历山大准备跨海东征波斯。雅典和其他城市积极筹备，出人、出钱、出船、出粮、出军需物资。其中，以雅典为首的一些希腊城邦为亚历山大提供船只，尤为重要。马其顿自己的船队较小，主要依靠雅典等希腊沿海城邦提供船只。

亚历山大率领军队在小亚细亚登陆后，迅速击溃波斯驻军，长驱直入，攻占了波斯帝国的西亚沿岸城市。为了笼络希腊人，酬谢希腊人，送回一部分战利品，特别把300面盾牌送给雅典人，盾牌等战利品刻着铭文："菲利普之子亚历山大和全体希腊人取自居于亚洲的蛮族。"但获得赠品的希腊城邦中不包括斯巴达，因为斯巴达拒不服从亚历山大，不愿支援亚历山大东征。

公元前331年，即亚历山大在小亚细亚登陆（公元前334年）后的第三年，亚历山大率军同波斯大军在两河流域展开激战，波斯溃不成军，国王大流士三世弃军而逃，在逃亡途中被自己的部将所杀。亚历山大攻下了波斯帝国的首都苏撒。波斯阿契美尼德王朝灭亡。波斯王宫中多年积蓄的金银财宝全都落入亚历山大的手中。据说，亚历山大缴获的金银财宝不计其数，总价值多少，难以估算。

亚历山大胜利了。他的版图，东起印度河流域、阿富汗、中亚细亚一部分地区，向西包括了伊朗高原、两河流域、叙利亚、小亚细亚、黑海沿岸，南到巴勒斯坦、埃及、利比亚东北部，西到西西里岛和意大利半岛南部的希腊移民城邦，希腊本土和马其顿、色雷斯都包括在内，北到巴尔干半岛中部。他从波斯王宫抢到的金银财富如何分配和使用呢？这又是一个值得他思考的问题。

他决心用缴获的大量金银来安抚军心和民心。一是他给军队中即将退伍的老兵以犒赏。这些来自马其顿的老兵跟他作战十多年了。退伍的步兵大约有10,000人，骑兵大约有1,500人，要让他们衣锦还乡，每人发给一大笔奖赏，作为回马其顿安家所需。

二是凡是跟随亚历山大东征的官兵在出征之前借了债的，由亚历山大替他们还债，使官兵为此感激不尽。

三是用于酬谢希腊各个城邦（除斯巴达以外），因为它们帮助亚历山大东征，提供船只、粮食、军需用品等。

四是用来在亚历山大新征服地区中建立具有希腊情调、希腊建筑风格、公共设施齐备的城市。此外还修建水渠，以便城市用水和灌溉田地。神庙也修建了不少。

五是用来奖励尚未退休退役的现职官员和将士，以表彰他们开拓疆土和治理新地区的功劳。

六是用来慰问曾经抗击过波斯侵略而后来又被波斯征服的各国居民，并宣布他们从此摆脱了波斯的奴役。

七是用来修建自己的新都城。亚历山大不再想回到故乡马其顿去了，那里的城市，位置偏僻，规模又小。他看中了巴比伦城，准备今后以此为都。大规模建设开始了。

此外，亚历山大为了鼓励军官娶当地女子为妻，给每个娶当地女子为妻的军官一笔厚重的聘礼，还给每个准备结婚的士兵一笔结婚的费用。他还为娶波斯女子为妻的马其顿军官举办了集体婚宴。亚历山大本人就做出榜样，他在征服波斯帝国后就娶了两位波斯公主为妻：巴克特利亚公主罗克姗娜、大流士三世之女斯塔提拉。

尽管亚历山大获得波斯国王的金银财富后大量支出，但肯定还有相当大的剩余，否则在亚历山大早逝（公元前323年亚历山大去世，年仅33岁）之后，一些握有兵权的将军为什么对争夺亚历山大留下的财富这样热心呢？

从亚历山大消灭波斯帝国阿契美尼德王朝掠到大量金银财宝，到他去世，不过短短几年，他发放给官员、军官、兵士、退伍老兵、希腊人和被波斯征服的各国居民的奖赏、酬劳、慰问金的金银为数很多。这一大笔金银在这么短的时间投入民间，又被迅速投入市场，形成了"货币追逐商品"的热潮。希腊和西亚、北非哪里有这么多的、相应的商品供给？民间的消费需求远远超过了商品供给。结果，物价持续上涨。据说物价上涨竟长达100年之久，即从公元前4世纪末一直延续到公元前 3 世纪晚期。

希腊境内和西亚、北非的居民，不管曾经得到过还是没有得到过亚历山大的奖励金、慰问金、补偿费，全都因长期的物价上涨而受到损失。尽管当时使用的是银币，但以银币标价的商品价格都连续上升，银币也不值钱了，同一块银币买不到过去曾经买到的那么多商品了。居民们怨声载道。他们哪里知道这是亚历山大把波斯王宫中好多年储藏的金银财宝短时期内投入民间所惹下的祸！

市场上要消化这么大的民间购买力是不容易的，因为能满足民间消费需求的商品供给不可能这么快就相应增长。在当时的生产条件下，消费品只可能逐步增加供给。而且消费者的价格预期是发挥作用的。人们对商品价格都看涨不看跌。商品价格越是上涨，人们就越想购买，否则过一阵子再买，商品价格又涨上去了。这就是持续的物价上涨长达 100 年的原因。

也许有人不解，当时不是使用银币作为流通手段么？为什么在银币通行的条件下，也会发生通货膨胀？其实这并不奇怪，因白银本身是商品。如果银币成色差了，银币本身不值钱了，物价当然会上升。另一方面，即使银币成色不变，如果银币数量过多，商品相对而言则变得稀缺，商品价格的上升也是理所当然的，除非增加商品供给。亚历山大去世后，他手下的将领分割了亚历山大统治的广大地区，经过所谓"继承战争"最终形成三个希腊化王朝：安提柯王朝、塞琉古王朝、托勒密王朝。这三个王朝建立前期之所以都发生通货膨胀，原因正在于此。而且还应该补充一句：这次通货膨胀主要是民间购买力过大（民间消费需求过大）带动的通货膨胀。要知道，投资需求过大带动的通货膨胀比较容易治理，一般只需政府采取财政紧缩政策和货币紧缩政策就行了，而民间消费需求过大带动的通货膨胀难以治理，因为这必须通过增加商品供给来抑制物价上涨趋势。而增加商品供给绝不是短期能解决的，这需要结构调整，而结构调整不是短期就能实现的。

（1995 年）

东地中海的风声、浪声和炮火声

——站在希腊科林斯地峡的小山坡上

从雅典到伯罗奔尼撒半岛，从陆路走一定要通过科林斯地峡。科林斯地峡把伯罗奔尼撒半岛同整个巴尔干半岛联结起来了。科林斯的东面是萨罗尼科斯湾，西面是科林西亚湾，都是地中海的海湾。从希腊城邦时代到罗马帝国兴盛时期，东地中海一直是商船频繁往来的海域，东方来的商品源源不断地经过这里运往南欧、西欧。

我们从雅典乘汽车到科林斯，路程不远，早上出发，不到中午就到了。科林斯运河是 19 世纪末才修建的，而科林斯地峡则早就闻名于西方世界，因为这是战略要地。谁要控制东地中海，就不能放过这个地峡，并通过地峡控制伯罗奔尼撒半岛，正如任何想要控制东地中海的霸权主义者从不放过克里特岛和塞浦路斯岛一样。罗马共和国的大军征服了这个城邦，像摧毁迦太基城一样夷平了它。自从罗马帝国后期分裂为西罗马和东罗马两个帝国后，希腊归东罗马统治，科林斯也归属东罗马。西罗马帝国灭亡了，东罗马帝国，也就是拜占庭帝国，又存在了一千年之久。但这一千年中，前两百多年的日子还可以，后七百多年的日子却越来越不好过，因为外侵者不绝，一个接一个，轮流打击、侵蚀这个走向没落的帝国。伊朗人入侵最早，接着就是阿拉伯人，随后是保加尔人、斯拉夫人。到13世纪，帝国又被十字军建立的拉丁帝国统治了五十多年。最后，土耳其人灭掉了东罗马帝国。意大利两个主要的城市共和国威尼斯和热那亚都看中了东方贸易的巨额利润，看中了东地中海的霸权。威尼斯和热那亚争夺东地中海海上霸权的斗争不仅时间长，而且战争规模大，伯罗奔尼撒半岛也处于威尼斯人和热那亚人的反复争夺之中。这两个城市共和国在东地中海地区长期攻战，既耗费了大量人力、财力、物力，也为土耳其人最终攻陷东罗马帝国的首都君士坦丁堡创造了前提。直到1453年5月底东罗马帝国末代皇帝君士坦丁十一世在城破时战死之前，还在等待来自意大利的援兵和上帝的显灵。上帝不可能显灵，意大利的援兵也来不了。君士坦丁堡失陷后，伯罗奔尼撒半岛和科林斯地峡也很快落入土耳其人手中。

站在科林斯地峡的小山坡上，听着海风的呼啸，望着茫茫无际的大海，默数着海上往来的船只，我想，威尼斯和热那亚这两个城市共和国在中世纪东地中海的作为，除了给意大利人蒙上羞辱外，是不是也能给意大利人增添一点光彩？能增添一点光彩的是什么？不是航海技术和商业策略，而是海上运输的商业组织形式。这是威尼斯人与热那亚人当时的一种制度创新。

海上运输在中世纪要冒很大的风险。当时海上航运不仅会遇到海盗的袭击、拦劫，而且要同大风、暗礁进行斗争。船的吨位较小，航行中常遇到风浪，船员们既要航行于海上，又要准备拿起武器，投入战斗。所以商人把资本投入商船，运货出海，有可能血本无归。怎么办？商人们就采取了入伙这种形式。不仅岸上的人投资入伙，而且船上的人也人人入伙，包括以航行中出力多少入伙。每次航行归来之后，就算一次账，这次航行的花费有多少，收入多少，净赚多少，入伙者皆有份。船是替商人运货的，船员们自己也捎带一些货物。如果遇到抢劫，不仅没有收入，甚至性命都会赔上，只好听天由命。

其实，海上运输只是东方贸易链条中的一个必不可少的环节。商船有时兼做一些贸易业务，特别是船员们各人携带少量货物，到了国外就把它们卖掉，大宗货物是商人托运的。商人初期通常随船队一起前往，货运量增大后，大商人就不再冒这样的风险了，于是代理制或委托制开始发展起来。在代理制或委托制之下，全部资本都由委托人承担，代理人按一定的比例取得收益。

正是在威尼斯人和热那亚人东方贸易和航运业发展的基础上，欧洲出现了近代航运公司。过去长期实行的一次性投资入伙的组织形式转变为公司型的股份企业。也就是说，以往虽然采取投资入伙形式，但多半是针对某一次航运与贸易而建立的，航程归来，利润一分配完毕，事情便告终结。

而航运公司则常年经营，采用股份制，投资者成为股东。公司出售股票，共享利润，共担风险。威尼斯、热那亚社会上有各种各样的投资者，包括市民、贵族、政府官员等，他们都可以购买股票，这是一种有限责任制的公司。公司即使破产了，股东的责任是有限的，仅以他的出资额为限，而不得追究他在其他地方的投资和他的不动产。只要航运公司经营得当，股票持有人作为股东的身份就不改变。这种形式与过去那种形式所不同的是：公司的寿命超过了单个合伙人的寿命，股票在一些家庭中被继承，航运公司可以长期存在下去，而不以一代人的寿命长度为限。威尼斯人、热那亚人所采用的这种股份制，就是最早出现于东地中海的贸易和航运业中，后来被欧洲人推广应用于其他领域的。

今天，当我们站在科林斯地峡的小山坡上，遥望着东地中海上行驶过的轮船时，有谁会想起七百多年前威尼斯人和热那亚人为争夺东方贸易的利润而展开的激烈搏斗呢？有谁会想起意大利人曾经在君士坦丁堡肆意烧杀抢掠，把已经衰败不堪的东罗马变得更穷更弱，以致后来经不住土耳其人的打击呢？

东地中海的风声、涛声如旧。威尼斯舰队和热那亚舰队当年激烈海战的局面再也见不到了。当年海战中的炮火声只能留在中世纪史的某些章节里。热那亚盛极而衰，威尼斯紧跟着一蹶不振，土耳其人的奥斯曼帝国也早已分崩离析。而有限责任制的股份公司这种商业组织形式，尽管经历了不少变化，却一直保存到现在。

（1994 年）

城市化和工业化的相互推动

——从 19 世纪法国农民进城说起

从农业社会向工业社会转变的过程中，农民进城是一个不可阻挡的趋势。在西欧各国，农民进城持续了相当长的时间。一般说来，从工业化开始（英国最早开始工业化，大体上说从 18 世纪后期就开始了，其他西欧国家先后开始于 19 世纪），农民就不断涌入城市。这一方面取决于推力，另一方面取决于拉力。推力是指：农村经济落后，农民收入低下，他们为了改善自己的生活，竭力想离开农村，进入城市，寻找工作机会。这就是农民进城的推力。拉力是指：工业化开始以后，新建和扩建的工业企业和服务业都迫切需要人手，在城市就业所赚取的收入比农村中的劳动收入多，加之，城市的生活条件也比农村好，于是就吸引农民前来。当一批农民进城工作之后，有了较稳定的职业，他们会把仍然留在农村中的妻子儿女接到城市中来，共同生活，这就吸引了更多的农民进城。这就是农民进城的拉力，也就是城市对农民的吸引力。

推力和拉力是并存并重的。很难说是推力为主还是拉力为主。如果一定要分清推力和拉力之中哪一个为主的话，那么可以认为：在工业化刚开始的时候，由于农民一般生活困难，太穷，农村人又多，所以推力可能更重要些。工业化和城市化总是相伴而行的。工业化进行到一定程度后，城市的公共设施也有了较大改进，城市中的工作条件和生活条件对农民的吸引力也更大了，这时，拉力可能更重要些。但这也不是绝对的。如果发生了战争，城市是兵家必争之地，战火对城市的破坏更厉害，城市中的生命安全得不到保障，已经进城的农民，只要农村中还有祖屋，或者还有亲属的话，他们会回到农村避难，城市对他们的吸引力消失了。还有，在发生经济危机的年份，城市中的工厂停产、倒闭，大量工人失业，如果失业工人是来自农村的，城市生活费用高，他们可能回农村去，这也是常见的情况。对农民来说，城市暂时也失去了吸引力。

工业化开始后，西欧国家的城市化也开始了。由于农民纷纷涌入城市，寻找工作，所以城市中出现了人口拥挤、失业者众多、社会秩序混乱等现象。然而在法国，这种情况是比较少见的。法国的情况比较特殊。这似乎需要从1789年的法国大革命谈起。

在 1789 年法国大革命之前是波旁王朝统治时期。封建经济关系基本未变，土地主要归贵族所有，大多数农民是没有土地的。1789 年法国大革命爆发，波旁王朝被推翻了。1793 年开始雅各宾派专政。贵族地主大批逃亡国外。雅各宾派政府宣布没收逃亡贵族地主的土地。至于法国境内参加反叛的贵族地主，他们不仅被镇压，而且土地也被没收了。被没收的土地分给了没有土地或土地很少的贫困农民。于是法国成了一个以小农所有制为主的国家。1799 年，即法国大革命 10 年之后，也就是社会动荡 10 年之后，拿破仑发动政变，主持政务，社会秩序才安定下来。1804 年，拿破仑做了皇帝。在他的主持下制定了《民法》（通称《拿破仑法典》），以法律的形式确认了私人财产权和对私人财产权的保护。这样一来，法国的小农土地所有制也巩固下来。

1814 年拿破仑因战败被迫退位。流亡于国外的波旁王朝成员回到巴黎，波旁王朝复辟。复辟后的波旁王朝虽然废除了法国大革命以来这二十多年推行的若干政策，但对贵族地主已经被没收而又分配给小农的土地，却不愿再收回，因为小农是支持拿破仑的。拿破仑虽然下台，又被流放，但影响仍在。一旦贵族地主夺回土地，侵犯了小农利益，势必社会大乱。这样，小农土地所有制在 19 世纪的法国确定下来了。

严格地说，法国工业化是在 1830 年开始的。城市化同步进行，农民进城数量逐年增加。法国工业化和城市化相互促进，社会秩序正常，原因何在？一个重要原因是法国通过农村抵押贷款，让农民有序进城，带资进城。由于这时的法国农村普遍存在的是小农土地所有制条件下的家庭农场制度。农民自己有一块地，有住宅，办起了家庭农场。法国在 19 世纪专门成立为小农提供金融的不动产信用社（或称不动产银行）。小农如果想继续留在农村，经营家庭农场，可以用自己的土地和房屋作为抵押，购置农业机械。如果他们想进城做工、开店、办作坊，也可以用地产和房产作为抵押，带资进城。抵押和质押是不一样的。典型的质押就是当铺或典当公司，贷款人得把东西（如股票、债券首饰、珍贵衣服等）放在那里，贷款到期前还清债款本息后收回质押物品。抵押则不必留下用于抵押物品，但要留下地契、房契，也就是地产证、房产证。所以法国农民进城，用地产证、房产证做抵押，就可以带资进城了。田地照耕不误，房屋照住不闲。农民进城做工、开店、办作坊，有资本可用，也可租房、购房，待赚了钱再还清贷款。有了抵押贷款，农民进城不仅有资可用，事业有成，而且生活也有了新的安排。农民进城没有给社会带来什么大问题。19世纪后期到20世纪，拉丁美洲一些国家进行工业化时，农民进城了，但这些国家实行的是大种植园制、大地产制，土地集中于大种植园主、大地主手中，贫穷农民无地无房，即使农村有可以抵押放款的金融机构，他们也没有什么财产可用于抵押。因此，他们离开农村进城找工作时，两手空空，一无所有。只得搭窝棚，住在贫民窟里。如果找不到工作，就只好靠捡垃圾、做零工为生。社会治安也就恶化了。

由此可见，让农民有产权，有可以抵押的财产，农民进城后的处境就会好得多。

19世纪法国政府为了帮助农民进城后有谋生之道，有进一步发展的机会，还采取了扶植小微企业的措施，即鼓励进城的农民自行创办小微企业，政府给予担保，让他们能得到小额贷款。这些小微企业往往是家庭作坊或家庭经营的零售商店。它们在技术进步条件下一般还能生存下去。比如说，电力使用比较普遍后，小微企业利用电力，装上了电力发动的小型机器设备，成本降低了，业务量增加了。机动车被广泛使用后，小微企业也开始使用机动车进货、送货，又省钱，又方便。机动车被广泛使用后，修理行业、服务行业中又增加了许多就业机会和为小微企业提供客户的创业机会。这些又便利了农民继续进城做工、开店和办作坊。

前几次我来法国的时候，在一些中小城市看到小微企业林立、生意还相当红火，给我留下了深刻的印象。而这一次来到法国，正值2008年11月，也是国际金融风暴对中国发生冲击的时候。报上刊载来自中国的消息，说浙江、福建、广东不少经营出口的企业受到较大影响，订单大幅度减少，出口量骤减，下岗工人人数剧增，特别是说：许多中国农民工没有工作可做，正在考虑返乡的问题。在一次同欧洲经济学家交流的座谈会上，有的欧洲经济学家向我提问，他们说："在我们西欧国家，现在每年有2%-3%的经济增长率，我们就感到不错了，不会发生大的失业问题。为什么你们中国，年增长率非得在9%以上，否则失业就严重了。今年11月，听说中国的经济增长降到了百分之六点几，你们那里就感到农民工要返乡了，怎么办？假定农民工失业而又不返乡，留在城里又会发生什么情况？我们不理解，6%的经济长率多好啊？为什么你们中国就觉得太低了呢？"这个提问倒引起了我的思考。我是这样回答他们的：

"你们西欧国家的工业化，到现在已经二百多年了。你们农村中的剩余劳动力，到现在已经释放完了。

你们这里的农民，现在有自己的家庭农场、自己的住宅，城乡生活条件差不多，社会保障又覆盖全社会。现在农民干吗要进城打工？他们那么傻啊！进城打工，是他们曾祖父辈的事、他们爷爷辈的事。他们现在才不干呐！"

接着，我又说："现在，你们西欧几个发达国家的农业人口只占全国人口的百分之几，你们的人口增长率接近于零。每年退休职工留下的职位空缺，这个空缺基本上可以让新达到就业年龄的人填补。假定经济增长率能达到 2%—3%，那么还可以满足一些北非移入的劳动力的就业需求，这不很好吗？中国和你们不同。中国正处于工业化中期，农村中还有大量劳动力时刻准备进城，城里哪有那么多职位空缺？即使职位空缺，进城的农民能符合这些职位的技术文化要求吗？那该怎么办？我们知道，经济增长率过高，对经济发展不利，对环境质量不利，但更多的就业机会是在经济增长过程中涌现出来的。我们在现阶段能把经济增长率降到 6% 吗？那样一来，农民进城就业就更难了。这就是中国现阶段的国情。"

离开法国，我们一行将转赴埃及、马耳他和德国。在飞机上，我又想起了法国工业化和城市化相互推动的进程。给中国农民以产权，让农村金融起到帮助农民致富和创业的作用，让农村的教育和职业技术培训使农民适应就业和创办小微企业的要求……这些工作对中国是多么重要，多么迫切！

（2008 年）

当农村不再是主要劳动力供给来源的时候

——德国斯图加特考察纪要

德国南部的斯图加特是一个汽车制造业中心，著名的戴姆勒公司总部就设在这里，生产奔驰牌汽车。工厂设备先进，我们看到，在汽车制造和组装的全过程中，自动化程度很高，只有少数熟练工人，大多数场合全是机器人在操作。戴姆勒公司还有一支强大的科学技术研究队伍、一支优秀的设计队伍，他们在为新一代的奔驰汽车的研究和设计忙碌。我们被邀请坐上刚设计出来的新能源汽车、节能汽车、新款式汽车在汽车实验场行驶，简直像在杂技场上表演一样，惊险异常，坐上试车的人无不胆战心惊。陪同我们参观和坐新款式汽车的公司技术专家告诉我们：汽车制造业的国际国内竞争都是十分激烈的，如果今天不重视明天的汽车销售市场，不着手研究新型汽车，不跟上新的技术潮流，就会落后，就会失去市场份额，失去客户。

关键在于人才的竞争。这里所说的人才，既包括高端的科技专家、管理和营销专家，也包括熟练的技术工人、熟练的管理人员和营销人员。戴姆勒公司对营销人员很重视，它认为，不仅科技专家和熟练技术工人重要，熟练的管理人员和营销人员同样重要，这些人同样致力于提高公司的市场占有率、公司的赢利率以及公司的效率。

在参观戴姆勒公司和它的汽车制造厂的过程中，也看到一些一般的工人，但在整体员工中所占的比例是不大的，他们从事搬运，保洁和杂务。有些一般工人似乎不是德国人，而是来自东欧、西亚、北非的移民工人。而在科技专家、管理和营销专家中，有些也不是德国人，而是来自欧洲其他国家和世界各地的高端人才。人力资源部门是公司的重要职能部门。人才决定着戴姆勒公司的今天、明天和后天。

相对于英国、法国、美国而言，德国的工业化起步是比较晚的。德国的工业化，准确地说，19世纪中期才开始，19世纪后期才进入迅速发展阶段。在劳动力供给方面，德国同英国和法国一样，都经历过农村劳动力涌入城市、农业劳动力转入工业的时期。农村青壮年曾经是工业劳动力、城市劳动力的主要供给来源。为了保证德国工业化过程有足够的劳动力可以使用，从19世纪中后期起，德国就大力发展中等职业技术教育、高等职业技术教育，以培养本国工业化过程中所急需的劳动力，包括技工、熟练技工和工程师。德国的高等学校从这时起也进入一个迅速发展的时期，培养了一批又一批的科技专家、经济专家、管理专家和金融专家。

第二次世界大战结束以后，德国分裂为德意志联邦共和国（西德）和德意志民主共和国（东德）。以西德来说，农村继续向城市和工业输送劳动力，但到了20世纪60年代，不仅西德经济又进入繁荣阶段，工业恢复了过去的地位，产业升级了，在许多领域内重新居于世界的前列，而且西德的农业也形成了新的格局，家庭农场发展起来了，农业走向集约化，效率提高了，农村中的农民住宅也重建了。加之，城乡生活条件已没有多大差别，公共服务设施完善，交通便利，小汽车在农民家庭也普及了。从19世纪中期到20世纪60年代，工业化已推进了一百多年，该从农业中释放出来的多余劳动力到这时为止，已经释放得差不多了。农村生活安定，农民收入增长，谁还愿意进城来做工？在西德，农民已经不可能成为工业劳动力和服务业劳动力的主要供给来源。农民的孩子受到良好的中等教育之后，或者进入高等学校学习，准备以后在城市从事适合自己所学专业的工作，或者进入农业职业技术学校学习，准备以后回乡从事农业，做一个有专业知识，掌握农业先进技术的家庭接班人，把家庭农场办得更好。谁愿意来到城市打工？

工业的发展既需要高端人才、工程师、熟练技工、管理和营销专家，也需要一般工人、一般管理和营销人员。农村出来的劳动力越来越少，即使农村仍有劳动力进入工业和服务业，那也是先进入职业技术学校学习，再进入工业和服务业工作的。那么，20 世纪 70 年代以后，在西德从事一般工人职务的劳动力来自何处？来自国外的移民和来自本国城市居民中新增劳动力的培训。

国外移民的涌入，在包括西德在内的许多西欧国家是常见现象。这些国外的移民工人通常来自东欧、西亚和北非。他们以各种方式进入需要劳动力的西欧国家，他们之中甚至有非法入境的人。他们填补了西欧国家工业和服务业中的职位空缺。他们愿意从事西欧国家中本国人不愿从事的粗活、累活和脏活。他们的待遇低，但即使如此，他们仍愿意前来工作。至于本国城市居民中新增劳动力，也是工业和服务业空缺职位的填补，但通常要经过一定的职业技术培训过程，因为与来自国外的移民工人相比，他们相对而言对工作仍有某种选择。他们不屑于从事所谓的粗活、累活和脏活，而希望从事多少带有技术性的工作，所以一定的职业技术培训对他们的上岗是不可缺少的。

在20世纪60年代以后的西德城市中，社会保障制度已经日益完善，所以城市居民中的新增劳动力，通常会做出这种选择，即立即就业还是继续等待就业，以满足自己的职业选择的要求。他们之所以这样做，是因为有了社会保障制度作为支撑。换句话说，只要可以即刻就业的职业岗位不合自己的意愿，他们宁肯领取失业津贴也不愿从事不合心意的工作。

这就是我们在西德城市中看到的情况。斯图加特劳动力就业的概况正是如此。

此外，我们在斯图加特、特里尔、法兰克福、慕尼黑等城市还看到这样一些现象，这就是：尽管西德的大型企业在国际国内都占有重要的位置，但在这些西德城市中可以发现有众多的小型企业，它们围绕着大型企业，为大型企业服务，包括供应零配件和从事辅助性的工作。有些小型企业生产特色产品，为市场增添了商品品种和供应量。陪同我们参观、考察的人介绍说，西德的小型企业数量很多，要占到西德企业总数的百分之九十多。它们很有活力。的确如此。在街道两侧，城郊地带，我们见到不少小型企业。它们给西德经济带来了活力，解决了社会就业问题。我在考察这些城市后得出了一个结论：一个城市，如果只有少数大型企业而没有大量的小型企业，那只是一个没有人气的城市。小型企业的大量存在，增添城市的人气，使城市繁荣起来。

小型企业的存在使城市的失业问题大大缓解了。社会保障制度固然也能使社会减少失业的压力，但不等于解除了失业压力。只有鼓励和扶植小型企业，才是解除失业压力的根本之道。

在德国大力发展小型企业并给予各种便利的过程中，正是德国高新技术迅速推广的时刻，这使得这些小型企业也深受技术进步、技术升级的好处。一个明显的例子就是，小型企业无论是工业部门、商业和服务业部门的从业者，都提高了自己的技术水平。它们跟随整个国民经济技术的进步而使自己的产品和服务适应时代的要求。它们所提供的产品和服务的质量都提高了，它们作为大型企业的合作伙伴也更加受到重视。这是德国小型企业得以继续发展的重要原因，也是使得小型企业能够继续吸纳劳动者就业的重要原因。

从德国的实际情况，可以得出下述结论：第一，当农村不再是主要劳动力供给来源的时候，德国工业和商业服务业的劳动力供应，除了外国移民工人填补一般工人和粗活、累活、脏活的空缺职位之外，城市新增劳动力通过职业培训成为重要的劳动力供给来源；第二，在城市新增劳动力的职业选择性越来越明显的时候，德国采取了继续发展小型企业的政策：既在融资方面给予准备创建小型企业的城市新增劳动力的帮助，也在技术进步方面给予帮助和指导，这样，城市就业问题缓解了，小型企业的作用增大了，德国大型企业和小型企业配套的格局也更加巩固了。

这就是德国的经验之一。

（1999年）

绝无仅有的英国农业资本主义发展道路
——谈谈圈地运动

　　抗战胜利后，我考进了南京金陵中学读高中，上《世界史》课时，历史老师王永芬先生讲起英国圈地运动的历史，给我留下深刻的印象，至今未能遗忘。1951年，我考进了北京大学经济系时，一年级上《政治经济学（资本主义）》时，陈良璧老师又讲述了英国圈地运动。大学三年级，上《资本论》课，江诗永老师要我们细读《资本论》第一卷第二十四章"资本原始积累"，又读到了有关英国圈地运动的论述。所以我对英国圈地运动的过程是比较熟悉的。但真正了解英国圈地运动是在后来到了英国。当我们的汽车在辽阔的草场边上飞驶而过时，看到牛群和羊群在那里啃草，才知道牧场对英国是何等重要。也许英国的田地不适合种粮食，否则为什么很早就把粮田变为牧场，把种小麦改为种饲料呢？

　　要知道，英国农业中资本主义发展是有自身的特点的。据13世纪的资料，英国农民总数中，大约40%

是自由民身份的农民，60% 是农奴身份的农民。在 13世纪已经出现由劳役和实物地租向货币地租的转化，也正是在这个时期，货币地租在农村逐渐占了主要地位。15 世纪，在英国出现了租地农场主。

圈地运动在 15 世纪就开始了，圈地运动的扩大是在 16—18 世纪，个别地方甚至延续到 19 世纪初期。

圈地运动刚开始时，地主圈地，农民也圈地。这是因为，毛纺织业的发展导致羊毛供给不足，羊毛价格上涨，牧羊业收入较多，于是大家都圈地。首先是圈公地，包括公有荒地、公共牧场、公共林地、公共池塘，能圈则圈，圈地就是抢占公地。产权通过圈地而明确起来。有些小农户耕种自己的田地，本来是不圈的，但为了自保，即为了不让别人把自己的地圈了，所以自己也圈起来，表明这不是公有土地而是自己的土地。圈地的主要动机是为了养羊、放羊。

这时一般很少出现驱赶被圈土地上的贫穷农户和夺走土地的问题，而是以圈公有荒地和草场为主，除非有些公有荒地上有外地来的贫穷农户，他们没有土地，在公有荒地上搭一茅屋，耕种一块公有荒地，从而在公有荒地被圈占的过程中，有势力的圈地者把这些贫穷农户的茅屋拆毁，把贫穷农户赶走。

大规模驱赶农民是圈地运动下一阶段发生的事情。

羊毛价格继续上涨，养羊的收入随之上升。地主原来已把土地租给佃户耕种，地主同佃户之间是订立长期租约的，租金固定不变，租期很长，有长达99年的。在16—17世纪西欧"价格革命"的影响下，金银大量由拉丁美洲流入西班牙，再流入西欧各国，物价持续上涨，金银不断贬值，结果，订有长期租约的英国地主感到自己吃亏了，便毁约，收回土地，把土地上的佃户的房屋烧掉，把佃户赶走，有时还动用武装来达到目的。收回的土地变为私人牧场。这就是历史上所谓"羊吃人"的现象。

地主毁约后被驱赶出土地的佃户，有的有人身自由，也有依附于地主的农奴。长期租约中本来规定佃户世代传承，现在这种租约全部都成了一张废纸。被驱赶出来的佃户无以谋生，流离失所。也有的地主并不毁约，但租期一满，就收回土地，用来养羊。

地主不一定自己经营收回来的土地、牧场。有些地主家族已经迁移到城市中去居住了，他们认为自己从事养羊业，耗费精力时间太多，划不来，于是就把大片土地、牧场出租给租地农场主来经营。成为租地农场主的，有的是商人，有的是地主庄园中的管家，有的是自由农民中的富人。他们再使用雇工（农业工人）来耕种、放牧。

这样，在英国形成了资本主义农业制度，即："地主——租地农场主——雇工"的三个等级的农业制度。在世界历史上，这是典型的农业中的资本主义制度。由于在其他国家没有发生过能与英国相提并论的圈地运动，也没有出现这样典型的三个等级：地主、租地农场主、雇工，所以英国农业中的资本主义发展道路，也可以称作是绝无仅有的。

当我们说到英国农业中的资本主义发展道路是世界历史上绝无仅有的资本主义农业发展道路时，并不意味着它是唯一的资本主义发展道路，更不意味着它是一条"最好的"道路。圈地运动自始至终都是一种暴力行为，是一条以不光彩的手段把农民从土地逐走的道路。各个资本主义国家都有自己的国情，都有一条适合于自己当时的政治经济形势而走出的资本主义农业发展道路。这反映了资本主义农业发展道路的多样性。

法国直到18世纪晚期以前仍是保持封建制度的国家。农村以贵族地主土地所有制为主，自由农民虽然已有一定数量，但耕种地主庄园土地的主要是农奴。1789年革命发生了，波旁王朝被推翻，贵族地主纷纷逃亡国外。1793年，雅各宾专政时期，逃亡地主的土地被没收，分给了过去的农奴和一些无地的农民。后来，拿破仑用法律形式巩固了小农所有制。拿破仑下台后，波旁王朝复辟，但它为了维持自己的统治，不愿发生激烈的社会动荡，不敢夺回地主失去的土地，小农所有制保存下来了。法国农业中的资本主义的发展，是在长时期小农经济两极分化的基础上缓慢实现的。这就是法国资本主义农业发展的特殊性。

荷兰又是另一种情况。荷兰地势低洼，沿海一带几乎没有村庄，封建势力达不到这块渺无人烟的荒凉地域。那些逃亡的农奴和无地的自由民逃到这里谋生，他们筑堤排水，把沼泽地、海滩地逐渐变为良田和牧场。经过多年的努力，这里形成了与市场联系紧密的家庭农场制度。荷兰农业中的资本主义就是这样经过一代又一代人的排水、开荒、种植和土地转让而发展起来的。

德国的情况与英国、法国、荷兰都不一样。以东部的普鲁士王国为例，在这里，贵族地主的大地产制一直在经济中占主要地位，这种大地产制并没有因市场经济的发展而削弱，反而因此而加强了。这是因为，随着经济的发展和市场的扩大，普鲁士成为向西欧其他国家供应粮食等大宗农产品的生产基地，贵族地主认为经营农业是有利可图的生财之道，所以他们渐渐成为地主兼资本家，既竭力扩大地产，又热衷于市场经营。即使后来为形势所迫，不得不释放农奴，但他们却用赎买的方式从农奴那里得到赎金，增加自己的资本，以便投资于粮食生产和其他工商企业。这样一条农业中资本主义发展道路，在西欧其他国家也是少见的。

至于美国农业中资本主义的发展道路，更有自己的特色。美国农业中的资本主义是一个相当缓慢的过程，它是随着大批移民逐步由东部向中西部推移而发展起来的。中西部存在大片大片的"自由土地"，移民的西进、"自由土地"被购置、家庭农场的增多、家庭农场为市场而生产、农业机械化的推广，这些都是在19世纪实现的。结果，一条与西方其他国家不同的美国式的农业中资本主义发展道路凸显出来了。这又是一条特殊的农业中资本主义发展道路。其他资本主义国家的农业发展，既不可能仿效美国，又不可能不对美国农业的成就感到惊叹，因为正是美国农业中资本主义的发展创造了奇迹。

从这个意义上说，农业中资本主义发展道路是多样化的。同圈地运动紧密联系在一起的英国农业资本主义发展道路固然是绝无仅有的，美国农业资本主义发展道路难道不也是绝无仅有的么？甚至可以说，法国农业中资本主义发展和德国农业资本主义发展道路同样具有特殊性。以法国小农经济的发展为例，难道其他国家也能仿照 1789 年大革命、雅各宾专政、《拿破仑法典》和波旁王朝复辟后把大革命在建立小农土地所有制方面的成果继续保存下来么？以德国来说，普鲁士的大地产制和贵族地主兼资本家型的农场经营方式，其他国家能复制么？

经济学研究最忌公式化。动不动就总结出一种"国家模式"，似乎这是放之四海而皆准的，这怎么可能？学习经济学、研究经济学的人千万不要忘记一句名言：世界上从来没有两片相同的树叶。公式化必定导致教条化、僵化，研究经济学最重要的一点就是：各国有各国的国情，不要脱离国情来奢谈某种"国家模式"。

（2003 年）

市场机制和道德情操是统一的

——在亚当·斯密墓碑前

我们是从伦敦乘火车到达英格兰北部小镇潘瑞希的。在那里参观了古代城堡的遗址，然后换乘汽车进入苏格兰境内，住在格拉斯哥。在格拉斯哥期间，我们专门来到格拉斯哥大学。这是一所名校，亚当·斯密14岁（1737年）至17岁（1740年）从家乡爱丁堡来到格拉斯哥大学学习，学完了拉丁语、希腊语、数学和伦理学等课程。由于大学学制是5年，亚当·斯密在这里只读了3年，所以未能取得学位。1740年，他被格拉斯哥大学推荐到牛津大学继续学习，于是骑马从格拉斯哥赶往牛津，进入牛津大学。如今，在格拉斯哥大学校门上的校友名人纪念碑上刻有亚当·斯密的名字，纪念这位杰出的经济学和伦理学大师。

从1740年到1746年，亚当·斯密在牛津大学学习了6年。他对当时牛津大学的管理和教学状况不满意，但他还是照常刻苦学习，并在这里获得了学士学位。1748年，他回到了爱丁堡，在爱丁堡大学担任讲师，讲授英国文学课程。虽然他对英国文学的讲授是成功的，但他临终时吩咐身边的人把他在爱丁堡大学时所写的英国文学讲义烧掉了，可能因为他认为英国文学并不是自己的专业的缘故。1751年，他应聘为格拉斯哥大学教授，这一年他28岁。从此，他在格拉斯哥工作了13年。他先是担任逻辑学课程的教授，后来又主持道德哲学讲座并讲授伦理学。从经济学的倾向来说，他这时已经信奉经济自由主义，有强烈反对国家干预经济的思想。

亚当·斯密有两部传世之作，一部是《道德情操论》，另一部是《国富论》。《道德情操论》一书出版于1759年，这一年他36岁，仍在格拉斯哥大学教书。该书是他在主持道德哲学讲座期间所思考的问题的系统表述。《国富论》一书的写作计划在《道德情操论》一书的结尾部分已经提到，但他为此花费的时间最久，为此书的构思就花费了很长的时间，动笔写作又花费12年左右，以至于到1776年才出版，当时他已经53岁了。亚当·斯密是1764年辞去格拉斯哥大学教授职务的。辞职的理由，从表面上看似乎是亚当·斯密被年轻的布克卢奇公爵聘为私人教师，所以自己认为不适合再担任大学里的正式教员；而据同时代一些人的分析，更可能因为亚当·斯密认为这样更有机会了解英国政治经济的实际情况，从而更有利于从事自己的经济自由主义理论体系的建立工作。亚当·斯密一生的最大成就是他的《国富论》，他生平最大的反对声音也与《国富论》一书的出版密切有关。没有人公开反驳他的《道德情操论》一书中的论点，而对《国富论》则不同。他的经济自由主义理论体系的建立和传播直接损害了那些靠政府赐予特权的权贵和商人的利益，后者不愿放弃特权，放弃垄断地位，所以攻击亚当·斯密的学说，甚至指责亚当·斯密是为了外国人的利益而主张自由贸易和市场竞争的。《国富论》一书的影响之所以远远大于《道德情操论》，也正因为亚当·斯密在《国富论》一书中所建立的经济自由主义理论体系，既对此后一百多年英国的经济政策发生了重要的作用，更为市场经济制度的建立奠定了理论基础。

《国富论》于1776年出版以后，亚当·斯密着手对已出版多年并且五次重印的《道德情操论》一书进行修改。他做了相当大的改动，包括有重要的增补。其中，最重要的改动是增加了一章："论道德情操的堕落。堕落的原因是我们倾向于羡慕有钱有势的人，而鄙视贫穷卑贱的人。"亚当·斯密修改《道德情操论》时，病已很重，身体很弱，但终于修改完毕，修订版于 1790 年出版，也正在这一年 7 月他离世而去，终年 67 岁，葬在爱丁堡。

把修订后的《道德情操论》同《国富论》一起读，可以完整地了解亚当·斯密的基本哲学、伦理学和经济学思想。他的核心论点应当是市场机制和道德情操的统一。经济自由主义理论体系，在亚当·斯密那里，既不是单纯的市场机制和市场竞争学说，也不是空洞的道德说教。只看前者，或只看后者，都不能说真正理解了亚当·斯密。同样的道理，亚当·斯密在世界思想史上的地位和贡献，也应该从市场机制和道德情操统一的角度来理解，这才如实地反映亚当·斯密的学术思想。

亚当·斯密的好友休谟在收到亚当·斯密邮寄给他的《道德情操论》初版后，高度赞扬了这部有关道德哲学的著作，认为亚当·斯密向世人提供了寻求正确、合理、恰当、公正的基础，让世人懂得什么是美德，什么是不道德，如何区分美德和不道德。在《道德情操论》中，亚当·斯密一方面强调了道德准绳的重要性，另一方面又认为自律的作用是不可低估的；没有自律，社会的美德和不道德的界限就会模糊，道德的堕落也就成为必然的后果。但在《道德情操论》初版中，亚当·斯密在自律问题上有大段关于赎罪的论述，把宗教的感召力和人们对神的畏惧心理放在显著位置。然而亚当·斯密在《道德情操论》出版 30 年后对此书进行修订时，删去了有关赎罪的论述，据说这是听取了朋友们的劝告。在一个有宗教信仰的国家里，应该说宗教信仰对道德的影响是多方面的，其中包括了自律的作用。亚当·斯密删去有关赎罪的论述，不管是不是听取了朋友们的劝告，反正在经历 30 年之后，亚当·斯密自己对自律的作用有了新的、更深入的认识。一个人对道德情操的坚持，主要出于内心对道德标准的把握和克制，而不一定来自对神灵的畏惧。无神论者同样会产生畏惧之心，但并非出于对神的畏惧，而是有可能出于对良心责备的畏惧。一个人做了坏事或道德堕落，很可能会一辈子受到良心的谴责，终身不安。为此，他需要经常自律。

就经济思想而言，亚当·斯密理论体系的出发点是个人的动机和经济行为。他认为，每一个人总是自身利益的最好判断者，因此不需要有外界的干涉，每一个人总会按自己的方式处理问题。也就是说，在亚当·斯密看来，当每一个人都在追求自己利益时，社会就像被一只无形之手在引导着去促进并非属于个人原来意图的目的。自利的结果，可以产生有利于公众的结果。政府的作用仅限于在国内维持治安，保证社会秩序的正常，对外防止外国的侵略，此外，政府还应当做个人因无利可图而不愿做的事情，例如教育、运河修建、道路桥梁、港口建设等公共设施。

亚当·斯密认为，个人追求自身利益而结果却有利于公众的规律就是自然秩序。交换之所以能持续进行，必定是由于买卖双方都认为对自己有利。如果一方认为不利于自己，那么交换就会中止。社会上之所以会有分工，也必定是因为对每一个人来说，分工能使自己受益，即劳动生产率的提高，否则分工的格局是无法形成的。亚当·斯密的经济自由主义理论体系正是以此作为出发点。

由此可见，在市场机制之下，个人的道德情操起着十分重要的作用。必须区分美德和不道德，必须有个人的自律，否则市场行为将被扭曲，交易行为将中止，社会分工的格局也不可能在有序的条件下实现。这才是亚当·斯密的思想的精髓。生活和工作在 18 世纪的亚当·斯密，在市场经济体制刚开始形成之际就能如此有远见地看到市场机制和道德情操相结合的必要性，不能不认为这正是亚当·斯密的过人之处。工业化推进过程中所出现的种种丑恶现象，如欺诈、虐待工人、使用童工、歧视女工等，不能简单地归咎于市场机制的作用，而只能说是道德堕落的结果。不与道德情操相结合的市场行为，缺乏自律、自制和法治的个人自利行为所导致的公共利益受损害，不仅不是亚当·斯密的本意，更应该说是违背了经济自由主义理论体系创始人亚当·斯密的学说的结果。

我们到了亚当·斯密的墓地。亚当·斯密安葬在爱丁堡的一块公共墓地里。那里的墓碑很多，究竟亚当·斯密的墓碑在何处？我们找了很久也没有找到。幸亏遇到了一群青年学生，他们知道我们来自中国，很热情地把我们带到了亚当·斯密的墓碑所在地。满地杂草，天空又下着细雨，我们站在亚当·斯密的墓碑前，对这位生于 1723 年、终于 1790 年的大师默默地表示敬意。

（2012 年）

企业家精神不等于单纯的冒险精神

——殖民帝国西班牙给后人留下什么样的形象？

在 16—17 世纪，西班牙作为当时的世界强国，出了一批开拓疆土的将领，他们率领舰队和陆军，陆续征服了拉丁美洲（除巴西以外），还来到西太平洋地区，占领了菲律宾、中国的台湾等地。他们是冒险家，有冒险精神。然而，他们并不具备企业家精神，他们只不过是世界历史上的匆匆过客，他们占领的广大殖民地，何况是经营管理极差的殖民地，只是昙花一现的东西，到了 18—19 世纪，西班牙的许多殖民地都丢失了，西班牙帝国也就解体了。

在西方经济学教科书中，遵循熊彼特的论述，把企业家定义为一种素质，而绝不是一种职务，并不是任何一个担任董事长、总经理、厂长的人都是企业家。企业家是有条件的，一般说来，有三个条件。第一，有眼光；第二，有胆量；第三，有组织能力。

这里所说的有眼光，是指一个企业家能发现潜在利润之所在。为什么别人不能发现潜在利润的存在，不能发现赢利机会，而偏偏他能发现？这表明他确实有过人之处，这就符合企业家的条件。

这里所说的有胆量，是指一个企业家在发现潜在利润之所在以后，必须有胆量，有气魄，敢于投资，着手去把潜在利润弄到手，用经济学的术语说，就是能够把潜在利润变为现实利润。这显然是需要冒风险的，因为这件事别人没有做过，或者想做而没有做成。既然是做没有人做成的事情，所以利润率多少，甚至是否有利润可得，都是未知数，不冒风险怎么行？

这里所说的有组织能力，是指一个企业家必须有善于重新组合生产要素、创造高效率的能力。仅有眼光、有胆量，是不够的。缺乏组织能力，无法把潜在利润变为现实利润，这样的人称不上企业家，至多只能说是企业家的参谋或助手而已。

因此，熊彼特用另一个提法来表述什么是企业家，这就是：企业家和创新者是同义语，而创新就是生产要素有效的重新组合。一个社会，如果没有创新者和创新活动，经济必定停滞不前，而随着人口的不断增长，停滞的社会将不可避免地陷入倒退的困境。

由此可见，单纯的冒险家不是企业家，单纯的冒险精神不等于企业家精神。16—17世纪的西班牙出了一些冒险家，但没有出企业家。果然，西班牙很快就衰败了，西班牙的政治混乱，经济不振，殖民地相继摆脱了西班牙的统治。

既然企业家代表一种素质，而绝不是一种职务，那么，有董事长、总经理、厂长之类职务的人就不一定是企业家，行政官员如果具有"有眼光、有胆量、有组织能力"这样的条件的，也是具有企业家素质的创新者、创新活动中的领导者。

16—17世纪的西班牙，正因为缺少具有企业家素质的创新者和创新活动的领导者，所以无法把西班牙的发展推上一个新的台阶，那些统治西班牙在拉丁美洲的殖民地的总督们，个个眼光狭窄，只顾眼前利益，烧杀掠夺，横征暴敛，把拉丁美洲搞得民怨沸腾，没有人愿意再接受西班牙的残暴、独裁的统治。他们忍无可忍，终于爆发了一次又一次的解放斗争。参加解放运动的，主要是来自西班牙本土移民及其后裔。这恰恰是西班牙当局当初没有预料到的。

经济的发展需要有巨额投资、连续投资。当西班牙占领了拉丁美洲广大地区时，并不是缺少投资所需要的货币的。西班牙殖民者在拉丁美洲掠夺了大量金银，不断输往西班牙本土，但这些货币并未转化为资本，投入工业和商业，而主要转化为私人积蓄和生活上的挥霍，货币流到工业较为发达的法国、荷兰和英国。不仅如此，这时的西班牙还是专制独裁、宗教审判法庭肆无忌惮地镇压一切有不满意见的臣民的国家。谁也不得有任何创新思想，任何人有胆敢违背国王和教会的意志的言行，轻则被拘捕、坐牢，重则被判以火刑，财产也被没收。社会上一切活力、生气都被扼杀了。这样的国家还有什么希望可言呢？

其次，不仅熊彼特对于企业家和企业家精神做了精辟的论述，早在19世纪前期德国经济学家李斯特和19世纪晚期英国经济学家马歇尔也都论述了企业家精神和企业家在社会经济发展中的杰出作用。只不过以后较少被人们提及。

李斯特指出，英国之所以能够战胜西班牙和荷兰，关键在于英国能在国家支持下鼓励臣民不断地开拓，不断地创业，不断吸收新发明成果和新技术。当西欧大陆国家连年迫害新教徒的时候，英国却鼓励新教徒迁到自己那里，于是新教徒的技术工人纷纷由法国迁入了英国。当意大利和西班牙驱逐和迫害犹太人的时候，犹太人携带着资本、商业知识、船舶和金融业务纷纷来到英国。他们的企业家才能和企业家精神在西班牙无法施展出来，但到了英国却有了用武之地。由此看来，关键不在于有没有冒险家，西班牙的冒险家并不少；关键在于有没有企业家。西班牙根本不适合企业家的成长，所以英国终于压倒了西班牙。

　　马歇尔也有类似的论点。马歇尔认为资本并不是单纯的物、单纯的物质财富，资本还是一种精神、一种可以世代相传的精神财富和精神遗产。这实际上就是一种体现于人身上的企业家精神。马歇尔举例道：如果由于战争或巨大的自然灾害，把物质财富摧毁了，但只要创造物质财富的人还存在，这些人身上的创业精神仍保存下来的话，那么很快就会有新的物质财富来替代被损毁的物质财富。反之，如果失去的是思想而不是物质财富，是创业的精神而不是其他什么东西，那么社会必定陷于贫困，经济必定陷于萎缩，这才是最大的悲哀。从马歇尔的论述中，同样可以得出一个结论：英国追上西班牙，击败西班牙，是必然的。

　　从另一个角度来看，假定只有冒险精神而没有企业家精神，假定只知道到海外去占领土地、掠夺财富，而没有创业精神和创新活动，那么即使抢占的土地再大，掠夺到的财富再多，又能维持几代人的时间？这恰恰是冒险家家族惯见的一代不如一代的现象。在暴富而又缺乏进取精神的富二代、富三代身上，后人所看到的无非是堕落的一代、颓废的一代和衰败的一代。

　　西班牙兴盛的历史已经过去二三百年了。但当年称霸海上、在殖民地胡作非为的一批冒险家们，没有几个人还能被后人记住，更不必说怀念了。历史像大浪淘沙一样，大浪掀起时虽然气势汹涌，不可一世，大浪退去时，一切又恢复过去的景象。仅仅有冒险精神，是绝对不会持久的。

16—17世纪的西班牙留给后人的是什么？是嗟叹，是辱骂，还是嘲笑？

（1998年）

"到民间去"口号的演变

——19世纪末期俄国民粹派知识分子的分化

对俄国知识界来说，18世纪是启蒙时期，因为从彼得大帝把目光转向西方开始，西欧国家的工业发展和技术进步对俄国的影响越来越大。但在人文和哲学领域内，启蒙思想的影响较晚才发生。这与18世纪末期叶卡捷琳娜二世崇尚西欧启蒙学派有直接关系。进入19世纪以后，从十二月党人的起义失败，到赫尔岑等一批有志于在俄国推进改革的贵族子弟的集会、呐喊和组成各式各样的小团体，再到19世纪60年代亚历山大二世宣布废除农奴制度而引起的种种议论和政治主张，把俄国引到探索、思考和争辩的年代。知识界的一场大风暴眼看着就要掀起了。

然而，在19世纪的俄国，决定俄国改革走向和决定俄国社会能否安定的力量，是广大农民。农民对于知识界鼓吹的西方人文思想和哲学理念，既不感兴趣，也听不懂。他们总是在想：这些同我们的现实生活有什么关系呢？农民们不相信这些贵族子弟真的能让自己脱离苦海：相信这些贵族子弟的说教，还不如相信沙皇，相信主教，因为在他们看来，知识界所传播的理论只能让农民生活变得更苦，更糟糕，沙皇的恩赐才是实惠的，主教的许诺才能使农民的灵魂得救。

民粹派正是在这种大背景下产生和壮大的。

赫尔岑可以被称作最初的民粹派理论家。他认为要到民间去寻找改造俄罗斯的社会力量。他曾经写道：当时有两个俄国，一个是沙皇统治下的俄国，"凭借七十万佩带刺刀的活机器的分赃行为所串联起来的"，另一个俄国就是俄国人民。这两个俄国将成为"两个敌对的营垒"。

1861年亚历山大二世所推行的农奴制改革，使赫尔岑所声称的"两个俄国"的界限越来越明显了。民粹派的分化也就开始了。赫尔岑的民粹派思想很快被两股势力所接受。一派仍然坚持用"到民间去"的方式，深入农村，宣传给农民"土地和自由"，号召建立"农民社会主义"新秩序，以代替沙皇专制制度。另一派认为，这种策略的收效太慢，应当以号召农民起义来代替让农民逐渐觉醒的策略。这时，赫尔岑去世（1870年）已好几年了，他的名声和思想在民粹派中的影响也已悄悄褪色。1876年，在俄国成立了土地与自由党。土地与自由党的成员纷纷来到民间，做动员农民起义的工作。但在实践中，他们却时常遭到农民的冷嘲热讽，农民依然不相信他们，疏远他们。尽管亚历山大二世在废除农奴制的同时没有给农民以土地，但农民仍然把皇帝看成是"好皇帝"，谁都不愿意响应土地与自由党的号召，起来推翻沙皇。土地与自由党在失望中感到，必须改革斗争策略，即用暗杀行为来除掉亚历山大二世。这样，在1879年，土地与自由党分裂为两个组织：一是坚持原来路线的土地平分社，另一是坚持实行个人恐怖手段的民意党。

1881年，民意党人在彼得堡炸死亚历山大二世，亚历山大三世继位。亚历山大三世（1881—1894年）采取了坚决镇压民意党人的手段，同时还停止了亚历山大二世正在实行的一些带有改革倾向的措施，沙皇制度更加集权和专制了。民意党人遭到镇压后，力量削弱很多，除了继续采取暗杀等活动外，在政治上再也掀不起大风浪了。

号召农民起义既不生效，个人暗杀行为又激起沙皇政府的大规模镇压，剩下的民粹派还能做什么呢？其中一部分人放弃了暴力斗争，主张进行合法斗争，这些人被称为自由民粹派。后来他们组成了社会革命党，主张实行"土地社会化"，并以此代替过去的纲领。也正在这个时期，俄国工人运动已经壮大起来，马克思主义也已在俄国得到传播。在俄国反对沙皇制度的斗争中，形成了马克思主义和民粹主义相互较量的形势。俄国革命史从此步入了新的阶段，即马克思主义逐渐占了上风，民粹主义的影响逐渐减退。

回顾这一段历史，即从亚历山大二世推行农奴制改革，到亚历山大三世继位后镇压民意党人这段时期内，俄国民粹主义势力的起落消长，可以给我们不少启发。

首先，民粹派在19世纪中期的出现，是与俄国知识界中斯拉夫派和西欧派的争论分不开的。斯拉夫派强调俄国有自己的历史传统，有自己的文化特色，要继承这些历史传统和文化特色，走俄国自己的道路，不要迷恋西欧的政治制度以及民主和自由理念。西欧派则认为，如果俄国不全面向西欧学习，即不仅要学习西欧的工业技术和管理模式，而且要采用西欧的政治制度、西欧的民主和自由理念来审视各类社会问题，俄国永远是落后的，而不能进入现代国家行列。民粹派更多地倾向于斯拉夫派，但也认为西欧派所倡导的并非一无是处。他们幻想依靠农民尤其是俄国的农民村社，建成所谓的农民社会主义的俄国。虽然这只是一种空想，客观上没有实践的可能，但由此仍然可以看出，民粹主义的确是俄罗斯这块广阔的土地上的产物，它不能产生于同时代或更早一些时候的西欧。没有古老的俄国农民村社制度，也就不可能产生民粹派。

其次，最初倡导民粹主义，宣扬农民社会主义的，是少数有正义感并向往美好未来的知识分子。他们投身于推翻沙皇专制统治的革命大潮中。但后来，加入民粹派队伍中的人，成分越来越复杂，有野心家、阴谋家、不择手段想往上爬的人，什么人都有。这些人在宣传民粹主义时，常常打出自己是赫尔岑事业的继承者，或者是另一位革命民主派思想家车尔尼雪夫斯基学说的传人之类的招牌，实际上他们所从事的工作同赫尔岑和车尔尼雪夫斯基已相距甚远，以至于后来在俄国社会上流传着民粹派无非是主张暗杀的、主张暴力行为的政客们的聚集场地的说法。民粹派初期那种主张"到民间去"做启蒙工作的改造社会的热心人士越来越罕见了。这也从另一个角度说明了民粹派的分化也就是民粹的变质。

最后还应当指出，民粹派在俄国革命后的最终命运是可悲的。关于这一点，需要从社会革命党的成立谈起。自从亚历山大二世被暗杀，接着民意党人遭到亚历山大三世的严厉镇压之后，民粹主义分子的分化加快了。各地纷纷成立了一些坚持民粹派理想的组织，名称不一，而且行动策略也不一样，有的仍不放弃恐怖主义，有的则要求放弃暴力，采取合法斗争。1905年年末，社会革命党召开了第一次代表大会，社会革命党从这时起才正式成立，尽管在这以前，有些民粹主义分子的地方组织已经采用社会革命党的名称进行活动了。

社会革命党正式成立后，由于成员复杂，政治倾向差别很大，实际上形成了左、中、右三派。左派反对利用合法斗争方式开展活动，主张继续推行暴力革命，甚至不惜用暗杀等恐怖手段。右派则反对社会革命党以秘密方式存在，认为既然要进行合法斗争，那就应当摒弃各种暴力活动、暗杀活动和煽动农民暴动的方式。中派的主要思想是：坚持俄国应以土地社会化为社会改造的主线，把土地视为农民集体财产，以农民村社这种旧形式来实现土地的社会化。结果，左派和右派相继退出社会革命党，社会革命党成为中派社会革命党人的政治组织。

1917年，俄国二月革命成功后，社会革命党成了二月革命后建立的新政府中起重要作用的政党之一。社会革命党的影响大于其他革命政党。接着发生了十月革命，布尔什维克派占据了上风，社会革命党同孟什维克派站在一起，同布尔什维克处于对立状态。

最终的结果是可想而知的。1918年，社会革命党和孟什维克派一起都被十月革命后建立的苏维埃政权正式宣布为反革命政党。社会革命党被取缔后，它的成员有的留在国内从事反布尔什维克的斗争，有的被逮捕、处死或流亡国外。

社会革命党中派领导人切尔诺夫（1873—1952年），在二月革命后担任过俄国临时政府的农业部长，他原以为可以把土地社会化的主张付诸实施了，但十月革命后，他逃亡国外，后来在白俄流亡政府中担任过政府成员。社会革命党，或者说，民粹派，原来是以俄国农民社会为基础的，一旦被逐出俄国社会，到了西欧国家过流亡生活，在俄国农村中还能有什么影响呢？民粹派完了，社会革命党完了，活跃了几十年之久的"俄国农民社会主义理论"也就完了。

民粹派早期的理论家和他们的追随者，不少人都是志在推翻俄国沙皇制度、废除农奴制度和改造俄国传统社会的革命民主主义者。农民社会主义是他们的一种理想，但究竟如何建设农民社会主义，他们经过几代人的努力，始终没有找到正确的答案。到后来，民粹派分化了，民意党迅速兴起又迅速衰败，社会革命党又几经组合和分化，最后，经过1917年的二月革命，又经过同年的十月革命，社会革命党终于被苏维埃政府所取缔，成员被镇压，或流亡国外。这一历经几代人的过程，很能使人有所启示，有所感悟。今天，当我们坐火车在俄罗斯辽阔的土地上奔驰时，回顾 20 世纪 30 年代农村变化的历史，很难用一两句简短的语句来描述当时的情况，只能这样说：这么好的土地，所产生的却是大饥荒、大逃亡。这说明什么？

（2010 年）

福利国家也有自己的苦恼

——在瑞典听经济学家的抱怨

　　瑞典是一个幸运的国家。自从 1814 年同丹麦打了一仗并取得胜利，把挪威从丹麦统治之下划归瑞典之后，就再也没有卷入战争了。尽管 1905 年挪威脱离瑞典而独立，但挪威独立是以和平方式解决的。两次世界大战时，瑞典都宣布中立，而且确实维持了中立，而不像某些宣布中立的西欧国家照样被纳粹德国军队占领。

　　瑞典很早就以福利政策而著称于世。瑞典人常说，瑞典作为各国乐于称道的福利国家的历史，要早于英国。英国的主要社会福利政策和有关社会福利的法律，是 20 世纪 40 年代后期开始实施的，而瑞典的主要社会福利政策和有关社会福利的法律，则于 20 世纪 30 年代开始实施，这同瑞典社会民主党在 1932—1976 年连续执政 44 年之久有直接的关系。此后，有时是保守党执政，有时是保守党与其他政党联合执政，有时仍是社会民主党执政。执政党的更替并不改变 20 世纪

30 年代以来瑞典一贯推行的社会福利政策。这种情况倒是同英国很相似。英国的主要社会福利政策由 20 世纪 40 年代后期英国工党执政时开始实施，尽管后来英国保守党和英国工党轮流执政，但谁都没有对已实行的社会福利制度做实质性的变更。

我们到瑞典访问的内容之一是对瑞典的社会福利制度进行考察。同行的胡亚美同志是著名的儿科专家，她当然对瑞典的这一制度特别感兴趣。在斯德哥尔摩、卡尔斯塔德、森纳，我们曾到医院、老年福利院、残疾儿童福利院、节能居民村参观，也参加过瑞典外交部和各界友好人士为我们举行的招待会、座谈会。优美的自然风光、洁净的环境、舒适的居民生活、完善的社会福利措施，这些都使我感受到，瑞典人民的生活福利是令人羡慕的。

按人均 GDP 来说，瑞典在世界上位居前列，称得上是一个富国。以国家财政收入占 GDP 的比例来说，瑞典又是一个财政力量雄厚的国家。瑞典能够有这样完善的社会福利措施，是同国家的财力分不开的。然而，在我同斯德哥尔摩大学的经济学家交谈时，我所听到的，除了对如此完善、如此替国民着想的社会福利制度的赞扬外，我还听到另一种声音：对这种社会福利制度的抱怨。

难道仅仅是瑞典的经济学家有抱怨吗？我想肯定不是。政府官员也会有抱怨，但他们不便说。瑞典的一般职工家庭可能同样有些抱怨。只是抱怨程度不等而已，但他们不一定把心里话说出来。经济学家是直爽的，有话直说，还加上一些经济理论的分析，使之顺理成章。这也许是经济学家的一种职业习惯吧！

在瑞典的一些经济学家看来，庞大的政府福利支出仿佛变成了一个无底洞，再多的经济资源也填不满它。这副担子太沉重了，而且这副担子一挑上肩，要想卸下来，却是非常困难的。所以，他们抱怨说，福利国家的负担已经变成了压在瑞典身上的沉重包袱，世界上再富的国家也承担不了，何况瑞典呢？

问题还不止于此。他们认为，从效率的角度看，由于失业津贴的存在使一些失业者不急于找工作，从而延长了失业时间；由于原来在市场上迫使人们提高工作效率的机制的作用受到了限制，瑞典成了一个低效率的国家。用我们中国已经习惯了的用语来说，这就是，在福利国家中，干多干少一个样，干和不干无区别，对"福利"的依赖使得"吃大锅饭"的思想滋长起来了。

瑞典的经济学家还指出，福利国家看起来很公平，人人都可以得到各种补助，享受各种优惠，实际上却不公平。比如说，一个人退休前的工资越高，年老时得到的养老金越多，而一个低工资的人辛苦了一辈子，退休时只能领取较少的养老金；又如，生孩子越多，每个子女上学的时间越长，家庭得到的国家补助越多，相反地，一个人终身未婚，或一对夫妇没有子女，他们当然就没有孩子上学，于是也就享受不到国家给予的各种优待，包括女方和男方都享有的产假（男方称照顾假）、产妇津贴、婴儿和幼儿津贴、教育补助等；再如，一个人休假越多，一个家庭外出旅行的次数越多，从交通运输方面得到国家的津贴补助越多，反之，一个人工作狂热，不休假，也不外出旅行，他在这方面便什么津贴也享受不到。这些难道算公平吗？

他的这番议论，引起了我的兴趣。我说：你即使子女少些，休假少些，外出旅行的次数少些，不过是少享受些政府的津贴而已，你自己并没有什么损失啊。他不以为然，接着说，怎么会没有损失？所有这些津贴、补助，不都来自税收吗？我作为一个纳税人，每年缴纳的各种各样的税够重了。这是事实。福利国家的福利设施是很花钱的，筹集这些巨额款项虽然不完全依靠税收，一部分还依赖国债之类的收入，但税收负担仍相当沉重。个人所得税税率和累进税率过高，使人们工作的积极性受到了抑制。这就是经济学中所说的"工作与闲暇的替代性"。如果个人所得税率高得使加班工作的人感觉到自己几乎是在"白干",那么多半不愿加班加点。斯德哥尔摩大学的教授很少有人愿意到外面去讲课,这主要不是因为他个人的工资收入本来就比较高,而是因为累进的个人所得税税率太高,他所得到的追加收入扣税之后将所剩无几,他为什么要外出讲课呢?

经济学家同政治家是不一样的。政治家考虑的是政治形势,是政治格局的变化和政党应当采取的对策。所以不管瑞典哪一个政党,在竞选时从不对社会福利制度产生的低效率和有失公平的事实发表只言片语,尽管在被选为执政党之后有可能对社会福利方面的个别措施做些小步的调整。经济学家则不同。瑞典的一些经济学家在抱怨福利国家所引发的新问题(如财政压力过大,纳税人负担过重,效率下降,企业竞争力削弱)时,主要是从纯经济的角度来进行分析的,学术味道可能浓一些,对现实政治的了解可能少一些,所发表的言论可能刺耳一些,这也没有办法,经济学家总归是经济学家。

经济学家的沉默,是知识界的不幸,也是国家的最大损失。政治家的话太多,缺少含蓄,毫无保留,过于直截了当,则是社会的不幸,因为这可能引起某些阶层和某些社会群体的不安，导致社会矛盾的激化，甚至还会引起邻国的不安，导致国际冲突的加剧。这同样是国家的最大损失。

　　一个社会，既需要政治家，也需要经济学家，二者缺一不可。

（1985年）

一代新潮接旧潮

——纪念北京大学成立一百周年

当我们这些教师每年九月初出席迎新大会，欢迎刚进校的学生时，心中究竟有哪些感受？当我们这些教师每年七月中旬同应届毕业生，冒着烈日，在校园内参加毕业照相时，心中会有哪些感受？还有，当我们这些教师每年校庆日接待已毕业的学生，看到他们在各条不同的战线、各种不同的工作岗位做出成绩时，心中又有什么样的感受？我想，不容任何人辩说，这时首先想到的是：人才的成长就像滚滚东去的大江一样，后浪推着前浪，谁也不可能阻挡时代前进的步伐。

从北京大学的历史来看，不正是这样么？从 1898 年建校，到 1998 年，一百年过去了，北京大学迎来了多少勤奋好学的年轻人，又送走了多少社会有用之才。一代新潮接旧潮，做教师的，没有比这更值得欣慰的事了。假定有人问我，如果时光可以倒转，一切从头开始，让你重新选择职业的话，你会选择什么？毫无疑问，我热爱教师这一行，我仍会选择教师这一行。

正如我在为闵庆全老师任教五十年而填的《虞美人》一词中所写的：

人生何物堪珍贵，
岁月应为最。
流光所剩虽无多，
挥笔犹勤依旧谱新歌。

他年诸事终将改，
清誉千秋在。
化身红烛守书斋，
照见窗前桃李已成材。

词中的最后两句，既是我赠送给我的老师闵庆全教授的，也是我经常用以自律自勉的两句话。

我从1955年毕业留校工作至今（1998年），也已43年了。我常想，办好一所大学，主要依靠的是什么？一所名牌大学，之所以成为"名牌"，究竟有哪些不同于其他大学？图书馆的藏书数量，当然是条件之一；仪器设备的先进，同样是一个重要条件；教室的宽敞、明亮，校园的清洁、美丽，生活服务设备的齐备和管理有序，都有其不可忽略的作用。但更为重要的，或者说，具有关键意义的，则是教师的整体素质。一代新潮之所以能够接上旧潮，替代旧潮，超越旧潮，同优秀的教师队伍直接有关。因为学生毕竟是教师教出来的，带出来的。没有好教师，不会有好学生。

我也曾想过，在统一高考的前提下，能够达到录取分数线而进入北京大学的，无疑是青年学子中的佼佼者。但能不能让这些学生在苦读几年之后走出北京大学校门时，也成为同龄人中的佼佼者呢？能不能在毕业十年、二十年、三十年之后，使他们真正成为对社会做出较多贡献的人呢？这一方面取决于学生本身的努力，另一方面则取决于教师的辛勤劳动。而学生本身的努力程度和受益的多少，又依赖于教师的教学质量，以及教师在各方面对学生的指导和关心。由此可见，在名牌大学的形成和发展过程中，教师的整体素质应是最重要的、关键性的因素。

我在这里强调的是教师的整体素质。为什么？要知道，学生进校后，所接触到的并不只是某一位教师或少数几位教师，所选修的也不只是某一门课程或少数几门课程。师傅带徒弟那种传艺方式，早就不适应时代了。哪怕是硕士研究生、博士研究生，也都不再采用这种方式了。每一个学生从入校到毕业，要学习许多门课，有必修课，也有选修课，还有不计学分的旁听课。他要接触到众多的教师，而每一位教师也都面对着众多的学生。教师影响学生，教师之间、学生之间相互影响。教师整体素质的作用在这里就充分体现出来了。没有一支优秀的教师队伍，怎能教好一批又一批在高考中显出才华的学生？二流、三流的教师队伍，岂不愧对一流、超一流的学生？

　　人们经常议论，办好一所大学，靠的是拥有少数名教授，或极少数学术大师级的专家学者。这句话有一定的道理。但我根据自己在北京大学四十多年的经历和体会，总感到这句话还不够全面。名教授是名牌大学的台柱，大师级的专家学者是名牌大学某一院系的旗帜，他们本身就是一种吸引力、一种号召力。他们学识渊博，治学严谨，有独到见解，甚至开创一代学风。我衷心希望北京大学能有更多的名教授，更多的大师级专家学者。这过去是，现在是，将来仍然是北京大学的骄傲。然而，不少名教授、大师级的专家学者，一年究竟开多少学时的课，教多少名学生？他们更多的精力放在指导青年教师和博士生方面，他们在科研工作中起着学术带头人的作用。他们是教师的教师。可以这么说，目前在教学第一线给大学生授课的，往往是他们的第二代、第三代或第四代传人。一个大学本科生，甚至硕士研究生，在北京大学期间究竟能同本院系的名教授、大师级专家学者见过几次面，很难说。他们通常没有机会在讲坛下面听名教授授课，更没有机会面对面地同大师们交流观点。因此，一所大学，不设法提高教师的整体素质，仅仅依靠少数名教授，那是远远不够的。

教师整体素质的提高，无疑离不开这些名教授、大师们对一代又一代教师的培养。但青出于蓝而胜于蓝，也无疑是规律。这里既包括学术上的传授，也包括在知识进步过程中的互教互学。由于科学本身的进展，上一代和下一代在知识结构方面是不一样的。这样，新一代的教师完全有可能发现老一代教师研究中较薄弱的环节，并且终于超过老一代教师。如果新一代教师不超过老一代教师，如果新一代教师在学术研究中没有做出新的成绩，又怎能教出符合科学进步要求的学生？又怎能把学术事业不断推向前方？教师是一个群体，是老教师、中年教师、青年教师的总和。教师整体素质的提高，意味着所有的教师都在学术研究的道路上前进，而不能把这片面地理解为只有少数教师出类拔萃。北京大学一百年来的成就，首先应当归功于所有在北京大学任教的教师们的共同努力，归功于教师整体素质的不断提高，当然，这里也包括了少数名教授和大师在学术上的精湛造诣。教师整体素质的提高同涌现并拥有一些名教授，对于像北京大学这样的百年学府来说，应当是同样重要的。

优良学风的形成不体现于只有少数人在学校里勤勤恳恳、踏踏实实地做学问。优良学风的形成绝对不是少数人的事情，也不是三五年，甚至一二十年的事情。优良学风的形成需要有一个良好的学术环境，每一个教师都是这个学术环境中的一员，学校的管理者同样是这个学术环境的组成部分。独立思考与自由探讨二者是分不开的。书读得再多而缺乏独立思考，有什么用处？遇到这样或那样的问题而不去独立思考，能解决什么问题？优良学风的形成依靠教师们、研究工作者们、学生们各自的独立思考。同样的道理，自由探讨有助于优良学风的形成。不妨设想一下，如果不容许在学术问题上自由探讨，只准某些自封为"权威"的人写文章或发表讲话去教训别人，甚至摆出一副"真理只在自己手中"的架势，气势汹汹，强词夺理，以势压人，不许别人反驳或陈述，那还谈得上什么学术研究？自然科学是这样，人文科学也是这样。有自由探讨，才有科学的进步，也才有一代代新人的成长。然而，谁也不应该忘记，在一座大学里，优良学风的形成固然有赖于少数名教授和大师言传身教，以身作则，更有赖于教师整体素质的提高，包括全体教师对自己的严格要求。

回顾北京大学的历史，优良学风的形成经历了多少曲折？就从我进入北京大学学习的那一年（1951年）算起，北京大学这些年内，师生中有多少人因为发表了不合潮流的文章或言论而遭到批判，甚至被开除、革职？但曲折只不过是曲折，北京大学传统的优良学风依然保存下来了。这正像清清溪水流出深山那样，劈开峻岭，穿越峡谷，历经险滩，始终向前流去，千弯百折也不回头。在广大教师和研究工作者的不懈努力下，终于形成了独立思考、自由探讨的北大学风。这一学风的形成，同教师的整体素质有着密切的关系。因发表不合潮流的文章或言论而遭到批判的教师只是少数人，北大的教师队伍并未因此而瓦解。暗中鼓励支持他们的，要多得多。理解他们的人更多。不仅如此，一些人挨批了，总有另一些人继续在独立思考、自由探讨的道路上前进，即使这些遭到批判的教师，也不会因此而放弃探索，他们会坦然处之。或者，暂时搁置起来，换个题目再研究，依然是北大学子本色。这就是北大精神。北大学风之所以能够代代相传，关键正在于此。

离开北京大学的毕业生，哪怕经过了好些年，一谈到当初在校时的情况，总会留恋过去。他们留恋的是什么？红楼，民主广场，未名湖，博雅塔？子民堂，三院，图书馆，大讲堂？……不错，这些都值得留恋。也许更令他们难以忘却的是北大校园内独立思考和自由探讨的风气，是师生之间、同事之间、同学之间那种平等的学术讨论。这对每一个曾经在北大工作过和学习过的人来说，都是终生难忘的，也许可以说是受益终身的。这不正说明北大教师的整体素质所养成的学风对后来者的深刻影响么？

一代新潮总会超越旧潮，科学总在不断地进步。名教授也好，大师级的专家学者也好，始终不要忘记，既然自己已经成为北京大学教师队伍中的一员，那就应当自觉把自己置身于这个队伍之中，而不是这个队伍之外，更不是这个队伍之上。假定已经知名了，那也只能说明过去或现在，而不能说明未来。正常的学术讨论，在任何时期都不会停止，谁都应当正常对待。这又是教师整体素质的体现。一个教师，哪怕已经在学术界享有盛誉了，当自己的作品受到别人的批评，包括来自学生一辈的批评、没有名气的人的批评的时候，当他们指出这些作品中有哪些不足、哪些漏洞、哪些错误，指出其中某个论点已经经不起时代的、实践的检验，早已陈旧过时的时候，究竟有没有勇气承认，有没有勇气修正自己的观点，直到完全摒弃它们，这就是是否对科学负责、对社会负责、对历史负责的表现。这也同样反映了北大的优良学风。北京大学教师整体素质的提高，正是同每一个教师的责任心的加强密切联系在一起的。

我曾经对北京大学光华管理学院每届新入学的学生们说过：我同你们一样，当我们考取北大的时候，都为自己能成为北京大学学生中的一员而自豪。北京大学光华管理学院是兼容并蓄的地方，重教师的素质和潜力，而不问他毕业于哪所大学。我们不搞"近亲繁殖"。他们来到北大，就是北大人。他们进了北大光华管理学院，就是光华学院的一分子。我曾对北京大学光华管理学院的年轻教师们说过："尽管我在北京大学任教好多年了，但直到现在，我仍然以自己能作为北大教师中的一员而自豪。我希望你们也这样。"

在庆祝北京大学一百周年校庆的今天，作为一名教师，或者说，作为一名长期在北大学习和工作的北大人，我衷心希望北大教师的整体素质不断提高，以迎接一百周岁以后的每一年校庆。

（1998 年）

第二章

何不乘风破例飞

北雁年年遵祖制，衡阳转首一来回。

岭南分外山川秀，何不乘风破例飞。

——《七绝·衡阳回雁峰》，1992 年

中国选择的改革方式是正确的

　　中共十一届三中全会重新确立了实事求是的思想路线，为市场经济取向的改革开辟了道路。在改革经历了 20 年之后的今天，当我们回顾改革的历程时，不能不感到我们所选择的改革方式是非常正确的。

　　要知道，计划经济体制由若干个次一级的体制所组成，例如计划的企业体制、计划的财税体制、计划的金融体制、计划的价格体制、计划的劳动用工体制与人事体制，等等。它们彼此紧密地结合在一起。这个次一级的体制依存于另一个次一级的体制，而另一个次一级的体制又依存于第三个次一级的体制，盘根错节，难解难分，此存则彼存，此损则彼损。于是，要想冲破计划经济体制的束缚，对任何单个的企业或单个的居民个人来说，简直是不可思议的事情。这种情况清楚地说明，要摆脱计划经济体制和建立社会主义市场经济体制十分艰难。假定改革方式选错了，比如说，选择某些国外经济学家所推荐的"休克疗法"，即全面放开价格的改革方式，中国经济只可能陷入混乱状态而不会有目前的成就。

中国所选择的改革方式是：先从农村改革开始，再转入城市改革，而在城市改革中，以企业改革为主线，同时进行经济方面的一系列配套改革，逐步取得胜利。价格的放开是渐进的，价格改革不是改革的突破口，但改革的最终成果必定是自由市场市价。实践证明了这种改革方式的正确性。

农村的改革使家庭承包制确立下来。到 20 世纪 80 年代初，农村面貌大变，农民的温饱问题基本上解决了，农民向市场提供的农产品增多了，市场商品日益丰富。这一切全依靠中共十一届三中全会制定的正确路线。正是由于农村改革取得了成就，所以从 1984 年 10 月中共十二届三中全会起，改革重点从农村转入城市。

在城市改革中，假定不以企业改革为主线，改革不仅不可能真正有所进展，而且更可能使物价连续上涨不已，最终导致改革的停顿、流产。这是因为，企业改革的核心是界定产权、政企分开。各种配套改革都同产权改革有关。要让投资主体承担投资风险，而不进行产权改革，投资主体怎么可能承担投资风险，怎么可能同市场经济相适应？再如，金融改革中的重要一环是把专业银行改造成为自主经营、自负盈亏的商业银行。这同样是一个产权改革问题。商业银行的自主经营和自负盈亏是以界定产权、明确产权为前提的。要使商业银行成为真正的金融企业，必须使商业银行拥有包括国家在内的出资者投资形成的全部法人财产权，成为享有民事权利、承担民事责任的法人实体。这不是产权改革是什么？最后，以社会保障体制的改革来说，要建立企业养老和失业保险制度、企业工伤保险制度，以及要合理运营社会保险基金，如果不进行产权改革，不理顺企业的产权关系，各种社会保险基金如何由社会统筹？社会保险基金又如何能在社会范围内运营并使之保值增值？可见，产权改革的确是推进经济改革的关键。

然而，以界定产权、政企分开为核心的企业改革并不是一帆风顺的，改革中遇到了巨大的思想阻力。一些人认为，如果进行产权改革，那就是实行私有化，就是恢复资本主义。姓"社"姓"资"、姓"公"姓"私"的争论困扰人们达10年之久。尽管如此，改革并未停顿。中共十一届三中全会的路线已深入人心，容许试验，容许探索，使得企业改革逐渐深化。十一届三中全会以后，人们已经从改革实践中懂得，所有各项改革，包括产权改革，都是在维护社会主义制度的前提下进行的，它们将促进生产力的发展，有助于共同富裕这一目标的实现。假定在这个问题上犹豫不决，被姓"社"姓"资"、姓"公"姓"私"的争议所困扰，那只会延误改革的时机。

邓小平同志在谈到改革的必要性时，曾多次指出在社会主义革命取得胜利并建立了社会主义制度之后，体制改革是社会主义条件下经济发展的动力。如果忽略了改革作为社会主义经济发展的动力，社会主义制度建立以后一切墨守成规，那就不仅会使社会主义难以继续前进，难以在生产力不断发展的基础上实现共同富裕这一目标，而且会使社会主义社会失去活力，失去吸引力。在苏联和东欧国家发生剧变后，我们对此有更深的体会，不能错过改革的时机。不抓紧时机进行改革，最后将丢掉社会主义制度。只有致力于改革，使社会主义经济充满活力，使社会主义制度的优越性在适应生产力发展的新体制下不断发挥出来，使人民群众热爱社会主义，拥护社会主义，社会主义制度才能得到维护，社会主义才能继续前进。今天，当我们回顾20年来所走过的改革历程时，更加体会到中共十一届三中全会的伟大历史意义，体会到中国选择的改革方式的正确。

中国改革开放20年的实践已经向全世界表明，只要坚持改革开放，中国的经济一定会迅速发展，人民生活水平也一定会逐渐提高。在邓小平同志提出的有中国特色社会主义理论的指引下，加快改革，加快发展，这样，到20世纪末与21世纪初，社会主义市场经济体制肯定会在中国初步建成；而到21世纪中叶，即中华人民共和国成立100周年的时候，中国将成为一个发达的社会主义国家。我们对此深信不疑。

（2000年）

中国的实践为制度创新理论
提供了新的内容

一、在从计划经济体制向市场经济体制转轨过程中，民间蕴藏着极大的积极性，许多制度创新最初是由民间自发开始的

　　一个例子就是 1979 年开始的农村的"大包干"，也就是后来通称的农村家庭承包制。这是民间自发进行的制度创新尝试。一旦试验成功了，各地纷纷前来参观学习。由此在全国范围内掀起了"承包热"，这表明民间蕴藏的极大积极性迸发出来了。

　　另一个例子就是紧接在农村家庭承包制以后掀起了大办乡镇企业的热潮。也同样是民间蕴藏的积极性迸发的表现。从此，在中国出现了不在国家计划之内的乡镇企业产品市场，国家计划产品一统天下的格局被打破了。

　　再一个例子是城镇所掀起的股份制热。这是 20 世纪 80 年代前期所出现的。各地相继出现了一些由投资人集资所建立的股份制企业。尽管都是一些中小企业，但毕竟是民间蕴藏的积极性的反映。简要地说，同农村承包制、乡镇企业的建立一样，这些都是创业精神的体现。

还可以举一个最近的例子，这就是 21 世纪初一些山区农民首创的集体林业的承包制，也就是民间所说的"包山到户"。"包山到户"也是创业活动。它把农民经营自家山林的创业积极性调动起来了。

二、"摸着石头过河"是指改革的总体思路和配套措施而言的，这是改革领导层必须考虑的问题，而对于民间自发的制度创新而言，最初仅限于小范围的试验，并不存在"摸着石头过河"问题

中国从计划经济体制转轨到市场经济体制，这在全世界没有先例。因此，既要大胆改革，又必须谨慎从事。对改革领导层来说，"摸着石头过河"的做法是对的。改革的实践使改革得以产生经验和教训。任何一项改革都要经过实践检验后才能总结。

因此，"摸着石头过河"是改革领导层必须考虑的问题，其中包括改革的总体思路，改革的配套措施，以及这些措施推出的时机，等等。

然而，正如前面所说，在体制转轨过程中，许多制度创新最初来自民间，具有自发性。他们出于自身的亲身体验，感到这种改革试验是有效的，既有利于自己脱贫致富，又有利于创业。对他们来说，没有什么"摸着石头过河"问题，而是凭着自己的判断，闯出一条新路来。这里带有一种冒险精神，这正是一切创业者共同的品质，它是难能可贵的。

计划经济时代，一些地方的一些人也曾有过承包制、乡镇办企业、集资办企业的做法。但在当时情况下，都受到压制、打击，一些人也因此遭到不幸。这不算"摸着石头过河"，因为当时的领导层是计划体制下的当权者，他们根本没有想到要"过河"。

中共十一届三中全会以后形势发生了变化。改革开放由此开始。民间自发的制度创新走上了正道。容许他们创业，容许他们试验，即使失败了，这并不是政府干预的结果，而是被市场经济的实践证明不合适或时机未到或条件尚未成熟而已。自发的试验仍在继续。

三、社会主义制度下的制度创新是指体制的转换，即由计划经济体制逐渐过渡到市场经济体制，这不可避免地是一个社会主义制度自行调整的过程，从而必定是渐进的

由于改革是前人从未做过的事情，所以从改革的总体思路和配套措施的角度来看，改革一定是循序渐进的，而不是急风暴雨式的。这符合"摸着石头过河"的道理。换句话说，那种设想在较短时间内就能完成改革不符合中国改革的设定目标。

那么，什么是中国改革的设定目标？这不是制度的更替，不是从社会主义制度转为另一种社会制度，而是社会主义制度的自行调整，即从社会主义的计划经济体制转为社会主义的市场经济体制。体制的转换就是制度调整。

在社会主义社会，计划经济体制是一种刚性体制，市场经济体制是一种弹性体制。所以社会主义制度的自行调整就是由社会主义的刚性体制转变为社会主义的弹性体制。

体制转换，即制度调整，是必要的。不改体制，丢掉制度。改革了体制，社会主义制度不仅将继续存在，而且一定会发展得很好。社会主义制度的优越性

才能充分发挥出来。

四、社会主义制度的自行调整是前所未有的，这本身就是一种创新。所有的经济学家都从未遇到过这样的问题，大家都在学习，都在思考，都在提出自己的建议，但谁都不是"先知先觉者"，谁也不可能是先知先觉者

当 1979 年中国开始改革的时候，既没有先例可援，又没有现成的改革理论可供参考。有的只是资本主义制度调整的经验（如第二次世界大战结束以后西德的改革）或不成功的东欧某些国家的改革教训（如波兰、匈牙利的改革）。中国的政府官员和经济学者不可能从书本上学到社会主义制度调整的理论。

因此，对中国所有的政府官员和经济学者来说，都只能边参与改革边学习，谁都不是"先知先觉者"，谁也不可能是"先知先觉者"，大家都在学习，都在思考，任何人提出的建议，也只不过是一家之言而已，因为经济学的经验都是滞后的。

中国改革只可能"摸着石头过河"，经济学者不可能违背这一原则。否则，中国改革就会不符合改革或体制转换是社会主义制度自行调整这一目标。同样的道理，中国改革必定是循序渐进的，经济学者也不可能设想任何一种速成方案，否则只会失败。

但这些都不妨碍经济学家进行独立思考。这里所说的"独立思考"，是指从民间自发进行的许多制度创新的试验中，去总结，去判断，去提炼，去完善，以便从中找出适合中国国情的进一步改革的途径，为社会主义制度创新理论增添新的内容。

（2008 年）

中国股份制改革的回顾与前瞻

一、股份制改革设想的提出

尽管 1949 年之前在中国已经有了股份制企业和证券市场，但 1949 年之后，这些都相继退出了历史舞台。当 1979 年中国经济体制改革刚起步时，国内的企业主要是国有企业，另一部分是集体所有制企业。国有企业是政府直接控制的，产权并未明确地界定，政企不分，生产和销售都由政府规定，企业根本没有投资权和自主经营权。简单地说，企业只不过是政府的附属物。至于集体所有制企业，同样是产权不清楚不明晰的。产权归于谁？谁是投资人？"集体"概念一直是模糊的。这些企业实际也归政府控制，生产和销售同样纳入政府的计划，企业不是自主经营者。这就是改革刚开始时的状况。

1978 年 12 月中共十一届三中全会召开后，中国的经济体制改革起步了。股份制也在悄悄地推进。这同农村家庭承包制的试验和推广有关。农村家庭承包制大大调动了农民的生产积极性，农产品供给丰富了，农村中多余的劳动力转向非农业，于是乡镇企业兴起，不少地方的农民自发地采取集股的方式，组成了股份制的乡镇企业。当时流行的两句话就是："以资带劳，以劳带资。"这些股份制的乡镇企业就是改革开放以后中国股份制企业的雏形。1980年1月，中国人民银行抚顺支行代理抚顺红砖厂面向企业发行280万股股票，获得成功。这是改革开放后银行代理股票发行的最初尝试。

经济理论界参与有关股份制讨论，据我所知，最早是1980年4月至5月在北京由中共中央书记处研究室和国家劳动总局联合召开的工资与劳动就业座谈会上。这次座谈会有一个明确的目标，就是要经济学家们为形势严峻的就业问题提出政策建议。当时的就业压力很大，因为历年上山下乡的知识青年纷纷回城了，回城青年有1700万人，再加上没有上山下乡、继续留在城市的青年300多万人，一共2000万人以上，他们被称为"待业青年"。他们急需找到工作，但工作岗位远远不足，所以有的城市就发生了"待业青年"包围市政府、请愿等事件。经济学家们在会议上各抒己见。在会议上我提出，可以号召大家集资，以入股形式组织新的企业，也可以让企业通过发行股票增资，扩大规模，以此解决就业问题。会上，林子力同志问我：那么中国就会出现股票交易所了？我的回答是：只要实行了股份制，股票流通就是正常的，股票交易所的建立是迟早的事。

隔了三个月，即 1980 年 8 月，中共中央和国务院召开了全国劳动就业会议。股份制问题在会议上被热烈讨论，被看成是缓解城市就业压力的一项重要对策。这时，赞成股份制的经济学家很多，据我所知，于光远、童大林、冯兰瑞、蒋一苇、董辅礽、王珏、赵履宽、鲍恩荣、胡志仁等学者都同意推行股份制，说实行股份制是一个好办法。1984 年 10 月，中共中央十二届三中全会召开了，改革的重点从农村转入城市。从这时起，有关股份制改革的讨论进入了一个新阶段。城市改革从何着手？重点何在？当时成为主流意见的是放开价格的思路。"休克疗法"常被人们谈起。"休克疗法"是 1949 年联邦德国经济改革的做法。要知道，第二次世界大战结束后，英、美、法三国占领联邦德国，苏联占领民主德国。联邦德国经济混乱，物资奇缺，通货膨胀，失业严重，不得不实行物价管制和凭票证供应的做法。1949 年起，联邦德国进行了经济改革，主要的措施是：放开价格，听任市场调节。这样，虽然经济乱了一阵，但在市场机制起作用的条件下，经济逐渐稳定下来，几年之后，联邦德国经济转入复苏和繁荣。这种做法就被人们称作"休克疗法"。所以有些经济学家认为：既然联邦德国的经济改革有成效，为什么中国不实行"休克疗法"呢？放开价格的思路被当时的国务院领导接受了。

1985 年，国务院有关部门着手制定价格放开的方案，并准备在 1986 年起实施。于是就引起了两种改革主线之争。两种改革主线（一是价格改革主线，一是企业改革主线）之争在 1986 年公开化了。

1986 年 4 月末，我在北京大学办公楼礼堂做了一场题为《改革的基本思路》的报告。报告中指出：中国经济改革的失败可能是由于价格改革的失败，中国经济改革的成功必须取决于所有制改革的成功，也就是企业改革的成功。报告中还指出：企业改革的目标模式就是股份制。至此，我已经不再把股份制仅仅看成是集资和扩大就业的方式，而是把股份制的实行看成是推进中国市场化改革的必要条件，认为只有通过股份制改革才能重新构造市场经济的微观基础，才能完成市场化改革。我认为，尽管价格的改革是必不可少的，但价格的放开将伴随市场化改革而逐渐推进，价格的市场化是整个经济体制改革的最终成果，而不是经济体制改革的出发点。

我的这一改革思路引起了当时中共中央和国务院的重视。1986 年 8 月，我带领北京大学的一些年轻教师在黑龙江哈尔滨讲学。忽然，中共黑龙江省委有一天晚上派人来找我，说接到北京方面的长途电话，要我连夜回京，向国务院领导汇报我的改革设想。于是我们一行只得遵命回到北京。在向国务院领导汇报时，我提出了为什么不宜实行价格放开的理由。我认为，中国和联邦德国的情况完全不同。联邦德国是私有制国家，价格一放开，私营企业就根据市场状况自行调整，有的企业存活下来，有的企业被淘汰，企业兼并重组和优胜劣汰的结果使联邦德国经济走向复苏。中国则是一个公有制国家，除部分集体所有制企业以外，主要是国有企业，它们不是独立的商品生产者和经营者，如果不进行股份制改革，它们不可能适应市场经济，价格放开起什么作用？只能导致通货膨胀和经济混乱，达不到体制转轨的作用。我还进一步分析，如果国有企业体制不改，即使放开了价格，一旦局面不好收拾了，一夜之间可能重新管制价格，退回计划经济老路上去；而企业的股份制改革则不同，可以分期分批推进，走一步是一步，不断总结经验，不断推进改革，因此看起来不像价格改革那么"激进"，但这种

"渐进"却是稳妥的。甚至可以说，它貌似"渐进"，实际上是一种根本性的改革，因为它改变了中国宏观经济的微观基础。

我的这些观点在《非均衡的中国经济》一书中做了充分的表述。

二、几经波折的股份制改革

虽然价格改革主线和企业改革主线之争仍在继续进行，但从 1984 年到 1986 年，股份制改革却一直持续未停。1984 年 10 月，上海市政府发布《关于发行股票的暂行管理办法》；同年，北京市开始了天桥百货公司股份制改革的试点；1985 年，广州绢麻厂、明兴制药厂、侨光制革厂三家国有中小企业进行股份制改革试点；1986 年 12 月，国务院发布了《关于深化企业改革、增强企业活力的若干规定》，允许各地可以选择少数有条件的国有企业进行股份制改革。

1986 年 11 月，我随胡启立同志到四川考察，准备以四川作为股份制改革的试点。当时，重庆市仍属于四川省。我在成都和重庆作了两场有关股份制改革试点的报告。担任中共四川省委书记的杨汝岱同志很支持把四川作为股份制改革的试点。为什么会选择四川作为试点呢？一是因为四川的国有企业数量多，二是因为这些国有企业中有一些是重要的大型企业，有影响。胡耀邦同志是支持股份制改革的，以四川为试点进行股份制改革，得到他的同意。然而，当我们从四川考察回来以后，才两个月，胡耀邦同志辞去了中共中央总书记的职务，股份制改革受到了一些人的严厉批判。在这种形势下，股份制改革受挫。1987 年 5 月，企业承包制正式出台。人们都议论道：企业承包制是股份制改革的替代方案。实际上，股份制改革与企业承包制不是同一个层次上的问题。可以从三个方面来加以说明。

第一，股份制改革使国有企业产权清晰和投资主体多元化，这样，改制后的公司将以独立商品生产者的身份活跃于市场上，企业自主经营，投资人自负盈亏。于是社会主义宏观经济就有了与市场相适应的微观经济基础。企业承包制则完全回避了产权界定和产权明晰化这一关键问题。

第二，股份制改革使企业不再成为政府的附属物，政府只能依据法律法规来规范企业的运行，而不能像计划经济体制下那样直接操纵企业、干预企业。这样，市场经济的规则就起作用了。企业承包制则不然。在企业承包制之下，企业仍然不能摆脱政府附属物的地位，从而导致市场经济体制无法确立。

第三，通过股份制改革，企业关心投资人的利益，既包括投资人的近期利益，又包括投资人的长期利益，企业的发展是有机制上的保证的。企业在承包制之下，只可能考虑近期利益，因为企业承包制到期以后的情况是不可知的，于是，承包以后企业很可能出现短期行为，拼设备，拼资源消耗。这既不利于企业自身的发展，又不利于国民经济的发展。

这些都是我当时对企业承包制的批评意见。当时经济学界坚持企业承包制的杨培新同志，同我私交不错，往来也多，但在股份制与承包制的争论中，我的观点一直是十分鲜明的，寸步不让。

企业承包制在胡耀邦同志辞职后终于全面铺开了，效果不好，这是预料之中的事情。1987年10月，李铁映同志作为国家体制改革委员会主任，提出由各种不同观点的经济学家带头，建立课题组，提出方案。我是北京大学课题组的组长，带领一批年轻教师和学生进行调查、研究、分析、讨论，最终拟定的三年、五年、八年的改革方案报送给国务院。在这个方案中，我们提出，尽管企业承包制已经推行，但这绝不是长久之策，要尽快过渡到股份制，把明确产权放在首位。股份制作为企业改革的目标模式，是我们的方案的核心。

正是由于企业承包制没有什么成效，所以到了1988年夏天，国务院又回到了价格改革为主的做法上来。为了使"价格闯关"顺利进行，为了防止出现通货膨胀，准备采取"控制货币，物价放开"的措施。然而，消息一传开，在全国范围内发生了挤提存款、抢购商品的风潮。而"控制货币"实际上是做不到的，因为"控制货币"至多只能抑制投资，但挡不住人们利用手头的现金和动用储蓄存款来购买商品。不得已，政府又宣布暂停物价放开，改行"治理整顿"。这一次"价格闯关"的失败，证明了在市场缺少自负盈亏、自主经营的市场主体的条件下，以价格改革为主线的改革思路是行不通的。

企业承包制不灵，"价格闯关"又行不通，国务院再度回到了股份制改革的道路。1989年3月底，在北京的一些经济学家接到了国务院有关部门的请柬，要求认真准备，参加4月27日在中南海召开的有关股份制改革的座谈会。但谁都没有想到，胡耀邦同志在4月15日突然去世，形势骤变，原定4月27日召开的座谈会参加者寥寥无几，什么问题也解决不了。接着，6月之后，股份制再一次遭到批判和质疑。从这时起，对股份制的否定和质疑，实际上是两个层次的问题。

对股份制持否定态度的人认为，实行股份制就是实行私有化。他们说，如果在中国实行国有企业的股份制，无异于把中国引入资本主义道路。

对股份制有疑问的人，涉及股份制是否适合于中国的问题。他们认为：

第一，中国经济是复杂的，不宜采取股份制。股份制不解决问题，反而会弊端丛生，如侵占国有资产，导致国有资产流失。

第二，即使股份制作为一种形式可以被采用，那也只适合于集体所有制企业和一些中小型国有企业，大型国有企业是无法采取股份制的。

第三，即使股份制作为一种形式可以被采用，那也只适合于新组建的企业，并且仅限于一些无关国计民生的新企业，原有的国有企业不宜采取股份制。

在这段时间内，我仍然坚持自己的观点，即认为要建立市场经济体制，必须重新构造微观经济基础，而股份制改革是必由之路。值得庆幸的是，在这段时间内，股份制改革在实践中仍在推进。1990 年 3 月，国家允许上海、深圳两地试点试行公开发行股票。1990 年 11 月，上海市政府颁布了《上海市证券交易管理办法》；1990 年 12 月，上海证券交易所和深圳证券交易所先后成立并开始营业。1991年5月，深圳市政府颁布《深圳市股票发行与交易管理暂行办法》。1991年8月，作为中国证券业的自律组织中国证券业协会在北京成立。到1991年底，有8只股票在上海证券交易所上市，有6只股票在深圳证券交易所上市。

中国股份制改革在艰难中继续前进，反映了股份制是适应时代潮流的。在这个关键时刻，迎来了邓小平同志1992年的南方谈话。邓小平同志在深圳视察时指出："证券、股市，这些东西究竟好不好，有没有危险，是不是资本主义独有的东西，社会主义能不能用？允许看，但要坚决地试。看对了，搞一两年对了，放开；错了，纠正，关了就是了。关，也可以快关，也可以慢关，也可以留一点尾巴。怕什么，坚持这种态度就不要紧，就不会犯大错误。"邓小平同志的南方谈话，大大激发了全国人民建设社会主义市场经济体制的热情，股份制改革经过了几度波折之后，终于迈上了加速前进的平台。

三、证券法的起草、讨论和通过

1992 年，在邓小平同志南方谈话之后，全国人大常委会在万里委员长建议下，任命我担任证券法起草小组组长，负责起草证券法。这是第一个由专家担任组长起草的法律。股份制和证券方面的专家，被聘为起草小组顾问或成员，他们是：董辅礽、江平、曹凤岐、高西庆、王连洲等人。我们花费了好几年的时间逐条起草初稿，并赴香港考察。我们还注意吸收国外证券法的经验。证券法草案经全国人大财经委员会讨论通过后，由财经委主任委员柳随年同志在全国人大常委会宣读起草报告，进入全国人大常委会立法程序，提请全国人大常委会审议。

证券法的制定同国有企业股份制的推进，尽管二者之间有十分密切的关系，但还不能等同起来。这是因为，证券法被通过并实施以后，标志着中国的资本市场走向规范化的发展，有利于企业股份制的规范化发展，然而，究竟有哪些企业实行股份制改革和上市，这不是证券法所能决定的。假如改制为股份制和上市的公司仍然是一些中小型企业（包括国有企业和非国有企业），社会主义市场经济的微观经济基础的重新构造工作依然没有完成。因此，在证券法审议过程中，国有企业的股份制改革仍须加大力度。《邓小平文选》第 3 卷出版以后不久，有一天下午，江泽民同志专门找我及中国社会科学院的王家福同志、国务院发展研究中心副主任陆百甫同志三人到他的办公室，一起讨论股份制问题。我从经济学角度谈了在中国推行国有大型企业股份制改革的必要性和可行性，王家福同志从法律学角度谈了企业股份制推行过程中所涉及的问题，陆百甫同志从改革研究角度谈了如何推行企业股份制的问题。江泽民同志最后说：我在上海市工作的时候就赞成实行股份制，现在也一样，可是现在只是一些中小企业在搞股份制，要搞就搞大的。目前有些领导同志对国有大型企业如何实行股份制还有些疑虑，所以要统一思想认识。

关于股份制扩大试点范围以及如何把国有大型企业纳入股份制改革的系列，在 1997 年召开的中共十五大报告中作了明确的规定。报告中提出："股份制是现代企业的一种资本组织形式，有利于所有权和经营权的分离，有利于提高企业和资本的运作效率，资本主义可以用，社会主义也可以用。不能笼统地说股份制是公有还是私有，关键看控股权掌握在谁手中。"这是一次思想解放，因为理论上有所突破，对计划经济时期一直牢牢支配人们思想的传统公有制概念有了重大的修正。从 1980 年算起，到 1997 年已经 18 年了。国有大型企业的股份制改革跃上了新的台阶，人们不再被股份制企业姓"社"还是姓"资"的争论束缚手脚了。

紧接着，证券法草案经过多次审议，于 1998 年 12 月由全国人大常委会通过，并于 1999 年 7 月 1 日实施。在正式表决的前几天，李鹏委员长专门找我询问有关证券法中还有哪些问题需要完善。我说，任何法律都不可能是尽善尽美的，以后肯定还会做些修改，但能够提请全国人大常委会审议通过，已经是一大成绩。证券法以高票通过了，我感到非常欣慰。

从 1999 年起，国有大企业的股份制改革工作大大加快，上市公司数目也日益增加。中国的股份制改革进入了全面铺开的快车道。

四、从双轨制转向单轨制：股权分置改革

证券法实施以后，中国股份制改革和资本市场发展中面临的一个重要问题，就是如何从双轨制转向单轨制。这是一个必须及时解决的问题，但又是一个相当棘手的问题。

双轨制是指股份分两类：流通股和非流通股。双轨制的形成是有历史原因的。如前所述，中国企业的股份制改革是在计划经济体制开始有所松动，但仍然在经济中占据主导地位的情况下起步的。当时唯一可以被政府部门接受的方案就是"先增量股份化，后存量股份化"。具体地说，国有企业改制为股份制企业并上市后，增发的股份是流通股，可以在股市中交易；原来的资产虽然折为股份，但不上市，不流通。流通和非流通股并存，就是股份制的双轨制。《中国经济体制改革》1986年第12期、1987年第1～2期，全文刊载了我的《所有制改革和股份企业的管理》一文。我在文中写道："把原有企业的资产分为两个部分，一部分是企业原来已经拥有的资产，另一部分是企业新增的资产。前一部分资产暂不实行股份化，后一部分的资产则是通过股份方式集资的。很明显，这是一种过渡的措施，但就我国目前的全民所有制企业而言，这种过渡的措施是必要的。"双轨制的确是一个过渡性措施，这是因为，国有企业的股份制改革在20世纪80年代中后期遇到的阻力很大，如果不采取存量暂时不流通的做法，国有企业的股份制改革就难以起步。换句话说，如果中国当时就实行全流通的做法，除了一些集体所有制企业可以上市以外，国有企业是无法突破重重阻力而实行股份制改革的。

国有企业的股份制改革终于在双轨制的条件下启动了。从邓小平同志南方谈话之时算起，到21世纪初，用了10年左右的时间，国有企业的股份制改革取得了很大进展，资本市场也初具规模，但双轨制造成的问题也越来越明显，或者说，双轨制留下的制度缺陷也暴露得越来越突出。在证券法通过几年后，全国人大财经委员会组织了证券法执法检查，周正庆同志和我分别率组到上海和深圳调研和检查工作。我们发现，双轨制最大的问题是上市公司的机制并未真正转换，国有股占大头，通常高达60%～70%，有的上市公司甚至高达80%～90%，股东大会根本开不起来，董事会清一色是国有股持有方派出的，一副面孔，一种声音。上市公司的机制没有转变，就达不到股份制改革的目标。结果，增量股份化变成了公司圈钱的手段，增发一次股票就圈一次钱。1999年以后，虽然曾经采取过国有股减持的措施，但并不成功，一是国有股减持并未改变双轨制的总体格局，也未能消除双轨制的制度性缺陷；二是只要双轨制继续存在，即使进行了部分企业的国有股减持，新上市的公司又会使非流通股总量继续上升。因此，2002年6月，财政部和证监会宣布停止在A股市场减持国有股。作为替代方案，股权分置改革出台了。这是 2004 年年初的一件大事。

股权分置改革实际上是股份制的第二次改革，它要解决的主要问题就是要把股份制的双轨制变成单轨制，即把流通股和非流通股的分置改为全流通股。改革中遇到两个障碍：第一，有人认为，一旦把国有股从非流通股转变为流通股，国有资产转让，甚至流失的大门就敞开了，这岂不违背了国有制主导的原则？第二，国有股从非流通股转变为流通股时，要不要由国有股给流通股持有者以一定的补偿？有人认为，如果非流通股的持有者给流通股的持有者以补偿，这岂不是国有资产的损失？国有资产为什么要承受这种损失呢？

经过经济学界的激烈争论，终于形成了这样一种看法：一方面，国有股从非流通股转变为流通股是完善股份制和资本市场的重要举措，并不等于国有资产的流失，国有股的监督管理机构会依照法律来妥善处理这一问题。如果国有股继续处在隔绝于资本市场之外的非流通状态，不仅对国有资产本身不利，而且也不利于国民经济。另一方面，国有的非流通股转变为流通股的过程中，非流通股持有者给流通股持有者以一定的补偿是有根据的：因为当初国有企业改制为上市公司时都在招股说明书或上市公告书中承诺，其公开发行前股东所持股份暂不上市流通，从而所发行的股票才得以按较高的价格出售。现在，国有股要从非流通股转变为流通股了，这就违背了当初的承诺。按照中华人民共和国合同法的规定，这是一种违背合同的行为，违背合同的一方给另一方带来损失的，应当给予赔偿。所以，在非流通股持有者同流通股持有者之间做出相应的利益平衡的安排，是有法律依据的。至于补偿多少，则由市场决定。股权分置改革方案终于得以实现。到 2006 年年底，中国股份制的第二次改革基本完成。

五、中国资本市场有待继续完善，股份制改革有待继续推进

资本市场的继续完善和股份制改革的继续推进，二者是紧密地联系在一起的，它们之间有着互为前提和相互促进的关系。

(一) 多层次的、完善的资本市场体系的建设

一个多层次的、完善的资本市场体系，除了包括主板市场以外，还应当有中小企业板市场、创业板市

场、未上市的股份制企业的场外交易市场等。完善的债券市场和证券期货市场也应包括在内。在中国现阶段，有必要及早着手多层次的、完善的资本市场体系的建设，汲取国外成熟的资本市场的经验。股份制继续推进与此密切有关。

这里首先需要提到民营企业的股份制改革问题。民营企业在初建时，规模一般不大，而且主要是家族企业。家族经营制在企业规模不大时是能够发挥积极作用的。家长多数是能人，有凝聚力，所以家族企业成长较快。但企业规模扩大以后，家族经营制的局限性便暴露得越来越充分。家长个人支配企业的做法越来越不能适应新的形势，家长的经验既可能是财富，更可能成为包袱，成为发展中的障碍。因此，达到一定规模以后的家族企业，改制为股份制企业是一种明智的选择。如果资本市场的结构单一化，对这些民营企业的发展是不利的。如果资本市场是多层次的，那么它们根据企业自身的实际情况，可以在主板市场、中小企业板市场、创业板市场和未上市的股份制企业的场外市场中做出选择。多层次的、完善的资本市场体系的建设将大大促进民营企业的发展，并为民间资本开辟广阔的活动空间。

还应当提到，一些高等学校毕业生或科技人员很可能走上创业的道路，自行创办企业。他们有自行创业的热情，也可能有科技方面的研究成果，并且还能吸引创业投资公司或创业投资基金的关注和资本投入。这同样需要有多层次的、完善的资本市场体系作为他们的活动平台，其中有些可以进入创业板市场，有些可以先在未上市的股份制企业场外交易市场上进行股份转让。这将会大大调动人们创业的积极性，调动企业自主创新的积极性，促进自行创业和自主创业，对国民经济的发展十分有利。

进一步而言，建立多层次的、完善的资本市场体系后，民间资本将被充分调动起来，它们将源源不断地进入各个层次的资本市场，实现金融资源的有效配置。直接融资的比重将迅速增加，从而将改变中国经济发展中历来偏重于或大部分依赖于银行贷款的现实。产业结构的调整、经济增长方式的转变、经济增长质量的提高，将因资本市场体系的多层次和完善而加快速度。一切股份制企业，不管是已经上市的还是尚未上市的，在多层次的、完善的资本市场体系建立后都会感到市场竞争的压力，因为投资者"用脚投票"的选择更加方便了。效益差的股份制企业在这种形势下不得不急起直追，否则将被投资者们所抛弃；而效益好的股份制企业将能融到更多的资本，它们将更上一层楼。这一切都有利于国民经济又好又快发展，有利于社会经济可持续发展。

（二）上市公司治理结构的完善

股市能否走好，主要取决于两个因素：一是宏观经济形势良好，二是上市公司质量普遍提高。这两个因素都重要，但第一个因素即宏观经济形势是否良好，不是企业自身所能决定的，它同国民经济运行有关，受到经济增长率、就业率、通货膨胀率、国际收支状况变动等因素的影响；而第二个因素即上市公司质量问题，则同上市公司的经营管理和核心竞争力、盈利能力有关，也同上市公司治理结构是否完善有关。

股份制改革的继续推进，不只是使更多的企业改制为股份制企业和上市公司，还包括促进上市公司治理结构的完善。上市公司治理结构的完善，是指让股东会、董事会和监事会真正起作用而不是流于形式。应当强调上市公司的独立性必须得到切实的维护，上市公司资金严禁被侵占，诸如20世纪90年代时常发生的上市公司募集资金的不规范使用、上市公司资金被侵占、上市公司违规对外担保、上市公司编报虚假财务会计信息、上市公司的高层管理人员因缺少监管而使上市公司遭到损失、上市公司财务管理混乱而导致股东利益受损等情况，将通过上市公司治理结构的完善和管理制度的健全而得到遏制。

问题还不仅限于此。完善上市公司治理结构是促使中国资本市场规模进一步扩大和投资于股份制企业的人数不断增加的重要保证。这是因为，在公司治理结构不完善的条件下，投资者的信心是不足的，他们既担心上市公司的资金被侵占或被违规运作以至于流失，又担心控股的股东不顾小股东的利益而直接干预上市公司的事务，担心内部董事与外部董事、董事会与监事会之间没有相互制衡的作用，担心上市公司高层管理人员不受约束，为所欲为，使投资者的利益受损失。投资者信心的下降或者丧失，也就是资本市场上人气的消散。常言说得好，人气易散不易聚。一旦人气消散，投资者失去信心，对资本市场的发展是非常不利的，同时也不利于上市公司质量的提高。这就更加表明上市公司治理结构完善的迫切性。

（三）行业垄断的打破和公平竞争格局的形成

国有大型企业的改革将继续推进，除了要加强公司治理结构的改革与调整外，行业垄断的打破也是重点之一。国有大型企业往往依赖自己在某些行业的特殊地位，获得垄断利益。这种情况不仅对市场经济体制不利（因为领域不能自由进入，妨碍了公平竞争格局的形成），而且对居于垄断位置的国有大型企业同样是不利的（因为它们放松了对自主创新和改进经营管理的要求，躺在特殊地位上享受既得利益，享受优惠政策，享受其他各种好处）。从这个意义上来说，行业垄断的打破应当成为下一阶段改革的迫切任务。

要打破行业垄断，必须允许领域的准入。这就是说，除了法律有专门规定的以外，领域应向一切有资格的进入者开放。同时，上市公司的并购重组活动应当加大透明度，由市场规律来主导，由参与的市场主体根据利弊的权衡做出决策，行政部门只依法管理而不应直接干预，这才符合公平竞争的原则。

行业垄断打破后，中国证券市场的结构会相应地发生变化。这是因为，行业垄断主要产生于资源开发行业和交通运输通信行业。此外，金融行业中实际上也存在类似于行业垄断的现象。这些行业的上市公司基本上都是国家控股的特大型企业，它们的股票在股票总体中所占的权重过高，不利于资本的合理配置。领域开放公平竞争的格局形成后，国家控股的特大型企业的股票所占的权重会逐渐下降。同时，民间资本进入资源开发行业、交通运输通信行业和金融行业后，将会出现这些行业进一步发展的局面。这无论对国民经济的发展还是对资本市场的完善，都是有利的。

（四）有效的资本市场监督管理体制的确立

加强对资本市场的监督管理并不意味着政府采取行政手段来干预资本市场的运作，而首先是指政府应当健全法制，使资本市场在法律的框架内规范化地运作。如果法制不健全、不配套，那就只好依靠行政手段的干预了。因此，对前一阶段资本市场的监督管理中的某些行政干预，要进行实事求是的分析，它们固然会带来某些弊病，产生某些后遗症，但这通常是在法制不健全、不配套的情况下不得已才采取的措施。在股权分置改革已经基本完成后的今天，我们必须尽快完善资本市场监督管理体制，健全有关法律体系，慎用、最好不用单纯的行政干预手段。

在这方面，有三项工作要特别引起注意：

第一，对于违法违规运作和损害投资者权益的现象，要有明确的刑事责任追究制度和民事赔偿制度，并且要监督其落实。只有这样，才能使违法违规者受到惩处，才能切实保护投资者的合法权益。

第二，加强监督管理队伍的建设，吸引有社会责任感和有专业技术知识的人才参加监督管理机构工作，同时要加大对资本市场发展前景和前进过程中可能遇到的新问题的研究，并拟定对策。这样，才能使资本市场的监督管理工作更加有效。

第三，着力防范由资本市场动荡引发的金融风险，建立和完善针对金融风险的预警机制和快速应对机制。金融风险不一定由资本市场的动荡引发，但一旦金融风险产生，必然会影响资本市场的稳定。因此，还需要加强资本市场监督管理机构同其他金融监督管理机构之间的合作、协调。

（五）中国上市公司和资本市场国际竞争力的提高

要使中国资本市场稳定健康地发展，中国上市公司和资本市场的国际竞争力应当不断提高。这是下一阶段有必要认真解决的问题。

从上市公司的角度来看，要提高国际竞争力，必须加大研究开发费用的数额及其在公司总产值中的比重，必须拥有自己的专利、知识产权，必须创建并维护自己的品牌。同时，还必须致力于降低成本，降低资源消耗，提高管理水平，增强营销能力。而要做到这些，正如前面已经指出的，完善上市公司治理结构是必不可少的前提。

从资本市场的角度来看，问题显然要比提高上市公司国际竞争力复杂得多。首先，要弄清楚什么是资本市场的国际竞争力。应当说，判断资本市场国际竞争力强弱的重要标志，在于国际上有影响的大企业和有成长潜力的新兴行业企业选择上市场所的考虑。如果某个资本市场成为它们的首选之地，那就表明这个资本市场具有较强的国际竞争力。其次，怎样才能使某个资本市场成为具有国际竞争力的资本市场？这至少取决于三个因素：一是法制和监督管理体制的完善，以及市场运行规范化，市场秩序良好；二是有一些资本雄厚、专业人才充足、有信誉和有影响的证券公司；三是有一批理性的个人投资者和若干规范运作的机构投资者。由此可见，中国的资本市场距离有国际竞争力的资本市场尚有一定的差距。我们应当朝这个方面继续努力。最后，要使中国的资本市场成为具有国际竞争力的资本市场，还必须考虑中国经济的对外开放程度，以及中国经济在对外开放方面应当解决的一些问题，如人民币资本项目的自由兑换、人民币汇率的市场决定机制的确立、人民币能否成为国际储备货币之一，等等。这些并不是仅靠中国资本市场自身所能解决的。但只要中国经济已经走上了市场经济道路，那么在时机成熟时中国会具备这些条件的。我们现在还难以确定人民币资本项目可自由兑换的日程表。人民币汇率的市场决定机制的确定也是改革的大势所趋，总有水到渠成的那一天。至于人民币能否成为国际储备货币之一，以及什么时候可以成为国际储备货币之一，则取决于中国综合国力的增强，这同样是我们努力的方向。

六、结束语

从 1978 年算起，中国改革开放已经 30 年了。中国的股份制改革至今也有近 30 年的历史。回顾这 30 年，我们国家所取得的种种成就，都离不开思想的解放。如果没有 1978 年 5 月份开始的、历时半年之久的"实践是检验真理的唯一标准"的大讨论，没有 1978 年 12 月份召开的中共十一届三中全会，我们是不可能取得这些成就的。

思想解放和理论创新都没有终点，也不可能有终点。从计划经济体制转向市场经济体制的改革，是前人所没有从事过的事情。谁都不可能是先知先觉者，谁都不能说在1979年我就知道改革该如何进行，改革会遇到什么样的阻碍，改革又会如何突破这些难点。经济学界在30年内所发生的各种争论，应当说是正常的，大家都在改革开放的实践过程中学习、成长、提高。有些观点在刚提出来时不一定完全准确、完全符合实际，但在实践中会得到补充、修正、丰富、完善。人们的认识总是逐步深化的。以股份制改革来说，这些年内股市出过多少事情。例如，1992年8月10日深圳发行新股认购申请表过程中发生的申购人群的拥挤、游行、抗议；1993年年初成都红庙子市场上地摊式的股票交易；1996年海南琼民源公司利用虚假消息操纵股价的违法事件；1998年中科创业违法操纵股价、自买自卖、坑害投资者事件，等等，都酿成了不小的社会震荡。但这些绝不是中国股份制改革的主流。经验是不断累积、不断丰富的。中国股份制改革和资本市场建设，在牛市和熊市一再交替的过程中走过了艰难的道路。投资者逐渐理性化，监督管理机构也逐渐成熟、老练。这就是下一阶段继续推进股份制改革和完善资本市场的希望所在。我们对此满怀信心！

（2008年）

论新公有制企业

一、新公有制企业的四种形式

现阶段，在企业改制和发展过程中，理论界有必要加强对社会主义公有制及其新形式的研究，因为这个问题关系到我国下一阶段经济体制改革的进展和所有制结构的调整，关系到我国社会发展的前景。

首先要研究的是，社会主义公有制企业的新形式究竟新在何处？它们同社会主义计划经济体制下企业的传统公有制的主要区别何在？由于多年来人们受到计划经济体制下传统观念的束缚，往往不承认新公有制的存在，甚至认为新公有制无非是私有化的变种。这种看法亟待转变。

毫无疑问，政企合一的国家所有制是企业传统公有制的主要形式。其实，在这种国家所有制之下，投资主体是不明确的，产权也是不清晰的。没有具体的投资者对国有资产负责。至于计划经济体制下的集体所有制单位，包括人民公社、供销社、信用社以及所谓的大集体企业等，名义上财产归全体成员集体所有，实际上这个集体由哪些成员构成，哪些成员对归属于自己名下的财产拥有处置权、转让权等都是不明确的，也无法使之明确。因此，人们不能不提出：为什么在计划经济体制下几乎只存在政企合一的国家所有制，而不存在名副其实的集体所有制？主要原因在于：一方面，按照当时领导人的设想，国家所有制优于集体所有制，集体所有制只是一种过渡形式，若干年之后将转变为全民所有，所以不宜把"集体"落实到一个个具体成员身上；另一方面，所有制中最核心的是所有者能处分、转让自己的财产，而在计划经济体制下，根本实现不了这一点，所以这种集体所有制只是徒有"集体"之名而已。

从计划经济体制转入市场经济体制后，随着集体财产的股份化、证券化，这才有了真正的集体所有制，但人们已经不把它称作集体所有制，而称之为公众持股的股份制、股份合作制、合作制。公众持股是一个关键问题。

从计划经济体制转入市场经济体制后，传统公有制企业应当转变为同市场经济相适应的新公有制企业。这个问题不解决，对于"以公有制为主体"就难以理解。

在社会主义市场经济条件下，完全国家所有的企业今后仍然存在，但主要存在于少数特殊行业中。即使如此，企业的形式也会改变，最重要的变化就是：政府是政府，企业是企业，政企分开了；在经营形式上，采取国家独资股份公司形式，或几个国家投资机构持股的股份公司形式。因此，新公有制企业的第一种形式就是经过改制的新的国家所有制。

社会主义市场经济中，今后大量存在的是公众持股的股份制企业。其中，可能有国家参股，也可能没有国家的投资，而是纯粹由公众参股建立的。如果是由国家控制或国家参股的股份制企业，那么可以称为新公有制企业的第二种形式。现在通常把这一类企业称为混合所有制企业。

大量存在的没有国家投资的公众持股企业，是新公有制企业的第三种形式。在这种新公有制形式之下，还包括了像工会、商会这样的社会团体，或像街道、居民区这样的社区，用公众集资的钱所举办的企业。再如，合作制是一种投资方式，它以一人一票制为原则而不像股份制那样的一股一票为原则，如果以这种投资方式集资办起了企业或经营单位而形成公众的财产，也是公共持股的企业，不管这些企业或经营单位的名称上是否冠以"合作"二字。

公众持股可以分为公众直接持股和公众间接持股两类。公众直接持股是指：个人直接投资于股份制企业，持有股份。公众间接持股是指：公众投资于各种公共投资基金或加入社会保障基金，而由公共投资基金和社会保障基金再投资于股份制企业。

可以采用董辅礽教授的说法，把公众持股的企业称为公众所有制企业。这种企业之所以称为公有制企业，是因为公众持股不仅具有集体所有的性质，而且是真正意义上的集体所有、新的集体所有，因为过去的集体所有徒有虚名。换一种说法，也可以把新的集体所有制称作共有制。

在这里，需要指出的是：公众持股的企业是不是真正成为公众所有，还取决于公众持股的股份公司是不是建立了完善的法人治理结构。只要公众持股的企业建立了完善的股东会、董事会、监事会，董事会能反映股东们的意愿和维护股东们的利益，监事会起着监督董事会和总经理的作用，那么这种形式的公众持股企业就属于公众所有制企业。已经由公众持股但公司的法人治理结构还不完善的企业，必须朝完善公司的法人治理结构的方向努力，这才符合要求。

在社会主义市场经济条件下，新公有制企业中，除了新的国家所有制企业、混合所有制企业和公众所有制企业这三种形式以外，还有第四种形式，即公益性基金所有制企业。这种公益性基金的资金来源既不是各级政府，也不是一般的投资人，而是来自私人的捐赠。比如说，某某人或某些人生前捐赠或死后其家属根据遗嘱捐赠出一笔资金作为公益性的基金，除了用来办学校、医院、图书馆、博物馆、体育馆、孤儿院、老人院或其他公益事业而外，也可能用来办企业，如用来建立吸纳残疾人就业的企业，或对家乡建设投资而举办企业等。由此形成的财产，不是政府投资形成的，也不吸收国家的投资，所以不属于国家所有制和混合所有制。由于它们不是一般的投资人集资、参股而形成的，不存在公众持股的状况，不归众多投资者选出的代表管理，所以不属于公众所有制。这笔公益性基金是某某人或某些人捐赠出来的，一旦被捐赠出来成为"公益性基金"并形成财产之后，就具有公有的性质，不再属于任何私人了。既然它不是国家所有制、混合所有制和公众所有制，当然属于新公有制的另一种形式。

在我国，公益性基金所有制企业作为社会主义新公有制企业的第四种形式，尽管目前为数很少，但从发展趋势来看，将来肯定会增多，即今后会有越来越多的公益性基金所有制形式的公有财产以及由此建立的公有制企业。

二、民营经济和新公有制的关系

民营经济是一个模糊的概念，各种不同所有制的企业都包括在内。根据现有的资料，可以看到民营经济中至少包括了以下六类企业：

（一）个体工商户；

（二）个人、家庭或家族所有的企业；

（三）个人、家庭或家族所有制的企业通过改制而形成的股份制企业；

（四）通过国有资产重组而形成的，既有国家投资，又有个人、家庭或家族投资的企业；

（五）合伙制企业；

（六）由公众集资而建立的企业。

理论界在讨论民营经济时，有人主张不用民营经济或民营企业这个概念，而要"正名"为私营经济或私营企业。这是不妥的。这是因为：如果把民营经济或民营企业改称私营经济或私营企业，上述第一类（个体工商户）、第四类（通过国有资产重组而形成的，既有国家投资，又有个人、家庭或家族投资的混合所有制企业）怎能包括进去？

也有人主张一律称为非公有经济或非公有企业。这同样不妥。如果那样改，上述第四类企业（通过国家资产重组而形成的，既有国家投资，又有个人、家庭或家族投资的混合所有制企业）显然不能包括在内。此外，上述第六类企业（由公众集资而建立的企业）也不能定性为非公有企业。

所以我的看法是，目前可以保留民营经济或民营企业的概念，不要急于改动。对于民营经济和民营企业，要从动态的角度来观察，从发展的角度来观察。

个人、家庭或家族所有的企业（即上述第二类企业），在规模扩大以后，面临着改制的必要。封闭式的产权是阻碍企业进一步发展的。这些企业，如果希望继续发展，迟早会走上产权开放的道路，即走向股份制，吸收外界的投资者参股，包括改制为上市公司，从而成为公众持股的企业。

合伙制企业（即上述第五类企业）规模扩大以后，同样有改制的必要，即从无限责任制的合伙企业改制为有限责任的股份制企业，从而也成为公众持股的企业。或者，它们会从无限责任制的合伙企业改为一部分股东负无限责任和一部分股东负有限责任的两合公司，这同样是一种公众持股的企业形式。

根据前面已经分析过的，公众持股的企业在社会主义市场经济条件下是一种新的公有制企业，即公众所有制企业。

这表明，民营经济本身正处于不断演变、不断发展之中。从动态的、发展的角度来观察，社会主义市场经济条件下的民营企业，只要规模扩大了，向公众持股的企业形式的演变将是不可阻挡的趋势。

严格地说，真正属于私有经济的，只是那些还不准备进行股份制改革，仍然保留个人、家庭或家族所有的企业和合伙制企业。真正属于非公有经济的，除了还不准备进行股份制改革、个人、家庭或家族所有的企业和合伙制企业而外，还包括个体工商户。但这些企业和个体工商户，通常都是规模小和资金有限的。一旦规模大了，迟早会改为股份制企业，否则不仅难以继续发展，甚至不易在市场竞争的环境中生存下去。

既然从动态上看，改为股份制和演变为公众所有制是一种趋势，那就不宜把民营经济一概称为私营经济或非公有经济。民营经济这个概念，尽管有些模糊，但模糊有模糊的好处，太精确反而不准确。

现在让我们再回到前面讨论过的第四种形式的新公有制——公益性基金所有制——上来。

投资于民营企业的个人、家庭或家族，或者民营企业本身，为了公益事业，是有可能捐赠一笔财富成立公益性基金的。创业，积累财富，捐赠一部分财富发展公益事业，继续创业和积累财富……这是社会进步的趋势。第四种形式的新公有制的形成和发展，同社会进步的这一趋势相适应。这也从另一个角度说明了民营经济同新公有制之间的关系。也就是说，新公有制企业的四种形式中，除了第一种形式（完全由国家投资的企业）以外，其余三种形式（通过国有资产重组而形成的混合所有制企业，公众持股的公众所有制企业，由个人捐赠而形成的公益性基金所建立的企业），全都和民营经济的发展有关。

三、新公有化

1986年4月25日，在北京大学"五四"科学讨论会上，我做了一场题为《经济改革的基本思路》的报告，一开始我就说："经济改革的失败可能是由于价格改革的失败，但经济改革的成功并不取决于价格改革，而取决于所有制的改革。"

在1987年1月出版的《经济体制改革的探索》一书中，我对所有制改革作了更为明确的表述："公有制的完善是经济体制改革的关键。公有制的完善是指突破传统的全民所有制形式，把传统公有制改为新型公有制。"我还强调说："经济学界有自己的社会责任，要为履行自己的社会责任而贡献力量。因此，经济学界要广泛宣传公有制改善的意义，转变人们对公有制的模糊看法，使人们逐步建立新型公有制的观念。这是无可推卸的义务。"

这些年来，我一直坚持上述观点，因为我相信中国的经济改革必然走向新公有制的建立。

在国外讲学时，经常听到某些学者在议论，说中国现在正在进行的国有资产重组就是私有化。我对他们讲：你们太不了解中国的情况了。要知道，在中国，在由计划经济体制转轨到市场经济体制的过程中，国有资产重组是必不可少的一个环节，它的含义是把传统的公有制改造为新公有制。

我说，中国的国有企业通过资产重组，大体上有以下五种结果：

（一）国有企业经过改制，成为政企分开的国有独资公司；

（二）国有企业经过改制并出让一部分股权给民营企业或外资企业，成为混合所有制企业；

（三）国有企业经过改制，成为上市公司，吸收民间资本加入，这仍然是混合所有制企业；

（四）国有企业转让给职工，成为职工持股的公众所有制企业；

（五）国有企业转让给已改制为公众持股的股份公司的民营企业。

可见，这五种结果中的任何一种，都意味着新公有制的建立。

最后，我对那些国外学者说：中国并非实行私有化，中国正在进行新公有化。这就是结论。

（2003 年）

中国道路和简政放权

一、无论是从计划经济体制向市场经济体制过度，还是
完善社会主义市场经济体制，都有必要简政放权

　　我们都曾经生活在计划经济体制之下，在当时，
行政部门把生产和生活都包下来了，或者说，政府既
是生产的经营者，又是所生产出来产品的分配者。政
府管得多，管得细，都依靠计划配额，按配额供给，
那时从来没有听说过简政放权。事实上，简政是做不
到的，什么都需要从行政上控制，什么都需要经上级
批准，什么都实行配额制。因此，指挥生产和管理生
产的人员，一人一个岗位，怎么精简？放权更不可思
议。计划经济体制强调的是权力集中，权力不可能下
放，否则生产和生活怎样按计划推行？

　　当然，政府在计划经济体制下，有时也感到权力
过于集中，效率降低，效能欠佳。但这有什么办法呢？
放权不是没有教训的：尽管有些年份也试行过一定程

度的权力下放，或取消某些配额，结果都是"一放就乱"，于是又恢复集权的做法，但又碰上了"一统就死"。计划经济体制下经历了多少次"一统就死，一放就乱"的循环，但谁也跳不出"统多了就死，放多了又乱"的怪圈。

简政放权是什么情况下才引起政府和广大群众的关注，从而逐渐付诸实施的呢？从计划经济体制向社会主义市场经济体制过渡的过程中，由于计划经济体制之下，一直是依靠政府主管部门发号施令，依靠政府指定的配额制安排生产和主持分配的，所以处处有赖于批准，界限分明，不能越轨，所以简政放权便成为走向市场经济所必需。不简政，条条框框太多，企业没有活力可言，不放权，基层无积极性、主动性，投资者手脚都被捆绑住，推一步才进一步，这还谈什么向市场经济体制转变？因此，在中国要建立市场经济体制，首要的工作就是简政放权，使市场松绑，让企业成为名副其实的市场主体，既自主经营，又参与市场竞争。这样，企业才有活力，市场才能发挥调节经济和配置资源的作用。也只有这样，社会上的城市闲置人员才能靠自己的努力，创业创新，成为市场的积极参与者。

一个最明显、最有说服力的例证就是 1979 年以后农村家庭承包制的推广。在计划经济体制的年代里，农民被束缚在农村里，种植什么，种植面积多少，甚至什么时候播种，都由农村的干部依照上级主管农业的部门决定，再层层下达指令。庄稼成熟以后，上交多少，公粮出售的数量多少，价格如何定，也都听命于上级。农民的户口不同于城市居民，农民要外出务工，只能听命于政府，如果农民自行外出打工，被称为"盲流"，即"未按计划，盲目外流"的农民。这种经济体制是靠牢固的、强制的计划完成的。农民缺衣少食，谁也没有积极性。粉碎"四人帮"以后，农民为了能填饱肚子，在一些地方试行"大包干"制，也就是农村包产到户制度。这在"四人帮"被打倒前是不可想象的事情。经过中共中央的调查研究，农村家庭承包制的试点被肯定了，并在全国范围内推广。短短几年之后，长期通行于全国的粮票肉票等票证取消了，农民外出务工也被容许了，乡镇企业紧接着也纷纷办起来了，而且到处都有乡镇企业。乡镇企业不纳入物资调拨的体制，而要靠乡镇企业自己去寻找销路。因此，20世纪80年代的中国可以发现一个新现象，即一些农民模样的人，穿上西装，有的还打着领带，手上拎着大包小包，在挤火车，挤长途汽车。他们是些什么人？原来是农民，是乡镇企业的管理人员、市场营销人员，大包小包里放的是样品，他们冲破了多年捆绑的牢牢的束缚、限制，他们走南闯北，带着样品和订单去寻找市场。多年来形成的大一统计划经济体制独霸销售渠道的局面终于被打破了，新发展起来的乡镇企业商品市场出现了。这可以被看成是最早的简政放权所取得的成果。如果要从经济理论上分析，那么可以这么说：乡镇企业的涌现和乡镇企业商品市场的形成，就这样不声不响地打破计划经济体制的一统天下。

回顾中国改革开放初期计划经济体制的一统天下是如何被打破的，除了前面已经提到的农村家庭承包制的推广和乡镇企业的兴起以外，还必须提到经济特区的建立。在临近香港的广东深圳和临近澳门的广东珠海，都建立了经济特区，这里采取了市场经济体制，按市场规律办事，而不必再实行计划经济体制的旧做法。于是经济特区的建设速度大大加快了，市场的活力.企业的活力，由国内其他省市涌入经济特区的南下移民的活力，全都迸发出来了。这就是中国摆脱计划经济体制，转向社会主义市场经济体制的开始。

1992 年年初邓小平同志南方谈话正式发表后，全国再度掀起了改革开放的热潮。中共十四大的召开使中国进一步明确了改革开放的目标，即建设中国特色的社会主义市场经济体制，以代替过去长时间内在中国占绝对统治地位的计划经济体制。改革是多方面的，其中包括了简政放权工作。

从中共十四大以后，历经十五大、十六大、十七大，直到中共十八大，这二十多年的改革开放，使中国经济终于一步步走上了市场经济体制之路。简政放权工作在这段时间内没有停步，而是继续开展。这段时间内，简政放权工作大体上围绕以下三个方面进行：

第一，由于邓小平同志南方谈话公开发表后，全国各地的有志于投资和创业创新的人，纷纷南下深圳和珠江三角洲，或到上海、江苏、浙江、山东、福建等省份的沿海城市去闯荡。到那里去创业创新的人和寻找用武之地的人，不像过去那样需要那么多批准了，他们不但能很快成行、落户，而且能如愿以偿成为业主。这是计划经济体制之下难以设想的。

第二，同样因为受到邓小平同志南方谈话公开发表的影响，经济特区和沿海开放城市掀起了创业创新的高潮，企业新建和扩建，以及基础设施的建设，都需要劳动力，于是农村劳动力纷纷南下东进，寻找就业机会。对于农民工的流动不再像改革开放初期那样需要批准手续了，更不像改革开放初期那样必须有务工证之类限制了。这对农民工外出务工的影响之大也是过去不敢想象的。

第三，20世纪90年代一件影响中国市场经济的发展、具有重要意义的大事，就是中国正在积极争取加入世界贸易组织。为了达到加入世界贸易组织的标准，中国必须从计划经济体制及早转变为市场经济体制，其中就包括了取消或减少行政部门对市场的各种限制，以及对企业（包括国内的民营企业和准备在中国投资、开业的境外投资者）的相关限制。当时在国内政界和经济界都有一种"狼来了"的呼吁，即认为一旦取消对国内农业、工业、商业、服务业的保护措施，中国会受到沉重的打击，因此争论很大。结果，中央和国务院做出了决议，同意对世界贸易组织的承诺，分期履行中国对外资进入和外贸放开限制的义务。最后的效果如何？"狼来了"成为事实，但并未使中国遭到巨大损失，反而使中国企业的竞争力提高了，中国在从计划经济体制向社会主义市场经济转变的道路上走得更顺畅了。更重要的是，计划经济体制的范围缩小了，对中国经济发展前景的影响力淡化了。

以上所举的三个方面可以清楚地了解到，20世纪90年代到中共十八大开幕前的这段时间内，在从计划经济体制向社会主义市场经济体制的转变过程中，在完善社会主义市场经济体制的过程中，我们在简政放权工作中取得不少进展。简政放权工作，既是缩小计划经济体制的范围所必需，也是完善社会主义市场经济体制所必需。

二、从中共十八大开始，中国的改革开放进入了一个新的时期，一方面明确指出让市场调节在资源配置中起决定性作用，另一方面明确指出必须坚持依法治国、法制建国，从而为简政放权工作指明了方向

　　中国从计划经济体制向社会主义市场经济体制的转变尚未完成，中国市场经济体制的完善尚有许多工作要做，尤其是十八届三中全会通过的市场调节在资源配置中起决定性作用的这一决议的贯彻，以及十八届四中全会通过的依法治国这一决议的贯彻，都需要继续努力。在这种形势下，作为完善社会主义市场经济体制重要手段的简政放权，应有更多的工作要做。
　　首先，在市场经济体制下要有一整套同市场经济体制相适应的行政审批管理制度。这一管理制度是必要的、不可缺少的。这是因为，市场经济体制下，市场运行必须有序，必须依法，必须规范化、制度化。

微观经济单位总的说来分为三大类：一是企业，二是个人，三是为市场经济运行服务的管理部门。这三大类微观经济单位都应当在有法可依、有序可循的条件下从事生产经营和管理。有法可依和有序可循，企业和个人才会有积极性，有活力。有法可依、有序可循，为市场经济运行服务的管理部门才能使市场管理规范化，才能使市场经济运行正常、有序。因此，当前推行的简政放权就是依法治国、依法管理，这是保证市场经济运行正常化、规范化、有序化所不能缺少的。

　　其次，由于计划经济体制曾经长期存在并发挥作用，尽管已经过了多次改革，但在现实生活中仍可能存在一些与市场经济体制不适应的行政审批管理制度。因此，对现有的行政审批管理制度有必要逐个审核，该取消的取消，该修改的修改，该新建的新建。一是要出台新的有利于调动市场主体（包括企业和个人）积极性和增强他们的活力的行政审批管理制度；二是要取消那些过时的、阻碍市场经济发展的行政审批管理制度；三是要下放一批行政审批事项。把行政审批事项下放，不仅有助于增加该对某个事项审批负责的行政单位的责任感，而且行政效率也会大大提高。

　　再次，对那些同行政审批联结在一起的收费项目也应根据市场经济运行的实际情况进行整理。这是因为，在过去长时间内，行政部门的收费（包括收费和罚款）往往与行政部门和单位的经济利益有关。乱收费、高收费、乱罚款、高罚款，对企业和个人往往成为额外的负担，并成为某些行政部门和单位的额外收入。所以对收费的规范化、制度化，有利于使行政审批管理制度更符合法制建设的要求、廉政建设的要求。

在下一步简政放权工作中，可以参照国际惯例，建立和制定负面清单、权力清单、责任清单制度。负面清单是指市场准入的负面清单。权力清单是指政府的权力清单。责任清单是指政府及其部门的责任清单。这三个清单都是依法治国的重要内容。

下面，让我们对这三种清单做一些说明，并阐释我们在简政放权工作中应当如何落实它们。

（一）关于市场准入的负面清单

在上海自贸区建设和发展过程中，有关市场准入的负面清单首次试行，取得经验后再在其他城市推广。市场准入的负面清单，是指政府明确列出禁止和限制经营、投资的行业、领域、业务等，清单以外的，各类市场主体都可以依法平等进入。这也就清晰地告诉所有市场主体，负面清单上所载明的就是底线，上面的行业、领域、业务，就是禁区。负面清单上没有写入的，则是市场主体可以平等进入的。

市场准入的负面清单的公布，是增加各类市场主体信心的可靠手段。如果改为市场准入的正面清单，即公布什么行业、领域、业务是可以投资和经营的，那么举不胜举，而且还会有所遗漏；如果公布底线何在，禁区何在，市场主体就放心了，禁区之外皆可投资、经营，市场主体的积极性也会增大。

（二）关于政府的权力清单

在市场经济体制下，政府是依法执政的。政府的权力清单明确了政府及其部门的权力边界和行使职权的方式。因此，政府的权力清单意味着政府在治理时，必须先有法律法规的授权，法无授权不可为。

政府的权力清单表明，如果政府在执政或治理时越过了法律法规授权的边界，那就是政府的违法，这是不允许的。政府及其部门的违法行为，理应受到法律的处理，包括道歉、赔偿主体受到的损失、对行政工作人员的处置，等等。

从这里可以看出市场经济体制和计划经济体制的

重大区别之一是：市场经济体制下，政府依法执政，政府的行政权力界限由权力清单表明，清清楚楚，法无授权不可为。计划经济体制之下却不是这样：政府及其部门在行使职权时是不受法律法规约束的，政府行为不受法律法规给政府权力划定的界限的约束，从而也就不存在政府执政或治理时的"违法违规"问题。

(三) 关于政府及其部门的责任清单

政府及其部门的责任清单和上述政府的权力清单既有相似之处，但也有区别。

相似之处在于：政府的权力清单表明政府可以做什么，不可以做什么，即政府必须依法执政，依法治理，政府行为必须有法律法规的依据；政府及其部门的责任清单也表明政府及其部门的行政管理必须有法律法规作为依据，政府及其部门不能越过法律法规的授权而自行其是，为所欲为。

二者的区别在于：政府及其部门的责任清单比政府的权力清单更加明确地、更加具体地载明政府的法定职责，即政府必须做什么，怎么做，这是政府及其部门的职责所在。也就是说，在政府及其部门的权限范围内，法定的政府及其部门的行政责任是必须履行的，否则就是政府及其部门的失职。此外，政府及其部门的责任清单中还把政府及其部门的履职尽责的程序规范化了，明晰化了。

在一次有关简政放权的研讨会上，有些学者提出在现实生活中既有"为官乱为"现象，又有"为官不为"现象。政府的权力清单对纠正"为官乱为"现象是有重要作用的，因为根据"法无授权不可为"的原则，"乱为"必定来自违法违规，这是法治政府绝对不容许的。但政府的权力清单不直接干预"为官不为"现象。对于常见的"为官不为"，要靠政府及其部门的责任清单来追究责任。因为政府及其部门的责任清单把政府及其部门应该做什么和怎么做都做了明细的、规范的规定，从而给企业和公众对行政部门和行政管理人员的监督提供了可以实施的标准。

综上所说，从市场准入的负面清单、政府的权力清单、政府及其部门的责任清单来看，这是目前和今后简政放权工作的重要内容，也是继续完善社会主义市场经济体制的重要内容。

三、在社会主义市场经济体制下，宏观经济调控是不可缺少的，但宏观经济调控必须适度，必须符合经济运行的实际情况，从而这同样与简政放权有关

在传统的计划经济体制下，虽然在必要时也采取财政政策、货币政策以及人力资源政策或区域经济政策来调节经济的运行，但不采用宏观经济调控这样的西方经济学中的术语，因为只有在西方国家才使用宏观经济调控作为稳定国民经济的手段。

到了 20 世纪 90 年代，即在邓小平同志南方谈话公开发表，国内掀起了再一次改革开放高潮以后，特别在中共十四大召开，以社会主义市场经济作为改革导向之后，为了抑制经济过热、投资过多、信贷过大、通货膨胀率上升等现象，国务院才采取宏观经济调控这样的手段，对国民经济过热现象进行抑制。但 20 世纪 90 年代的宏观经济调控依然带有很大的行政指令色彩。这是可以理解的，因为中国仍处于刚开始从计划经济体制向社会主义市场经济体制的过渡阶段。

但今天的情况已经不同于 20 世纪 90 年代了。计划经济体制的覆盖面已经缩小了许多，经济中，民营企业在国内生产总值（GDP）中的比例已经超过一半，民间资本的投资已进入国民经济中许多曾经不向民间

资本开放的领域。因此，在宏观经济调控方面呈现出以下特点：

（一）我们现在所讨论的中国宏观经济调控，是正在日益完善的社会主义市场经济体制下的宏观经济调控，它应该有法律法规的依据，它不应违背法治的原则。

（二）宏观经济调控在任何市场经济国家都是相机抉择的措施，即一定要从本国实际情况出发，而不是按某种固定不变的模式到处搬用。在相机抉择过程中，该紧则紧，该松即松，该启动则启动，该暂停则暂停。结构性调控，或称定向调控，也是相机抉择的一种方式，该使用则使用。

（三）宏观经济调控的目的是维持经济的平稳运行，调控本身是一种手段而不是目标。不能把宏观经济调控当作是灵丹妙药，因为任何宏观经济调控都会有后遗症。如果宏观经济调控不适度，力度越猛，后遗症也会越多。

（四）在实行宏观经济调控时，切不可演变为"宏观经济调控依赖性"，似乎离开宏观经济调控就什么都干不了，这对市场经济是有害的。试问，如果处处离不开宏观经济调控，那还怎么实现市场调节在资源配置中起决定性作用？

（五）简政放权工作的深入开展与宏观经济调控的适度运用是密切相关的。不能因为有了简政放权就可以减少宏观经济调控的使用，也不能因为有了宏观经济调控措施就可以放松简政放权。这是两个不同方面的问题。关于简政放权，可以认为这是提高行政管理效率不可忽视的环节。即使已经实现了从计划经济体制向市场经济体制的转变，从提高行政管理效率，从便于市场主体和公众的角度出发，简政放权工作仍是政府应当关注的。至于宏观经济调控，则是市场经济体制之下为维持国民经济的稳定，促使充分就业、物价基本稳定、经济持续增长和国际收支平衡等政策目标的实现所不可缺少的手段。因此，简政放权和宏观经济调控相互配合，相互促进，应当是新常态的内容之一。

四、让企业有更大的活力，让公众有更大的积极性、主动性，是经济持续增长和企业拥有持久竞争力的源泉。从这个意义上说，继续完善市场经济体制仍有巨大的潜力

在计划经济体制下，国有企业并不是真正的市场主体。这是因为，国有企业产权模糊，投资主体不明确，它们听命于上级主管部门，没有自主经营的可能性。归根结底，国有企业不过是上级主管部门的行政附属物而已。因此，在中国实现从计划经济体制向社会主义市场经济体制转变的过程中，首要的问题是重新构造微观经济基础，让国有企业成为自主经营、投资者自负盈亏和参与市场竞争的市场主体。这就是从改革开放初期一直在国内经济学界争论不休的产权改革的主要内容。市场经济体制的建成与否，关键在于是否实现了中国把广大的国有企业通过产权改革而改造成为名副其实的市场主体，成为市场的竞争者，成为有充分活力的微观经济单位。

这项改革从 20 世纪 80 年代就开始了。经过 20 世纪 90 年代，到 21 世纪最初 10 年为止，已经取得了不少成绩，其中包括不少国有企业通过产权的明晰和界定，经过股份制改革，成为股份制企业，有些还成为上市公司。另一方面，大量民营企业涌现了，它们一般说来，产权还是比较清晰的，尽管有些是家族企业，但也仿造股份制企业的模式，由家族成员分持股份。于是在中国经济中涌现了一大批市场主体。最近两三年，我到过浙江嘉兴市考察，亲眼看到农村土地确权以后农民积极性的高涨。他们的权益有保障了，他们经营家庭农场或农业合作社的劲头谁都抑制不了，他们在创造新农村、新城镇、新社区。我也到过北京中关村的创新创业平台，看到多少年轻的大学生、研究生、企业投资人和科研工作者在讨论创新创业的方案。我还到过重庆，看到小微企业的注册者那么高兴，那么活跃，因为开业比过去简便多了，政策优惠也一一落实。他们今年开始筹建小微企业，如果经营得当，能抓住机遇，说不定几年以后就会成长为一个中型企业。只要有希望，他们的潜力肯定会发挥出来。

企业的发展壮大同企业能抓住机遇、迸发潜力和活力是联结为一起的。而企业能否抓住机遇，以及企业的潜力和活力能否迸发出来，归根到底是一个体制问题。扼要地说，主要是三个体制的作用最为突出：一是企业的微观经济基础是否规范化，包括产权的明确和清晰，法人治理结构的完善，以及企业自身的凝聚力。要知道，有发展潜力和充沛活力的企业，才是名副其实的市场主体。市场主体自身的改革和潜力、活力的迸发，既是国民经济增长的基础，也是企业成长壮大的支撑。二是政府的宏观经济调控是否规范化，是否建立在科学决策之上，以及是否符合国民经济的实际情况，是否能够调动各类市场主体的主动性和积极性。三是整个经济体制是否从传统的计划经济体制向社会主义市场经济体制转变，市场调节是否已在资源配置中发挥决定性作用。这显然不是短期内就能实现的，而必须坚持市场化的目标，使中国的经济体制朝着市场经济的方向前进。各种体制的改革也必须与此配合，其中就包括了行政审批管理制度的改革，包括了简政放权。

然而，从中国国有企业在改制为股份制企业或上市公司以后的情况可以了解到，在中国要实现由计划经济体制向市场经济体制的转变，对计划经济体制的牢固性必须有进一步的认识。计划经济体制是一个庞大的、组织严密的巨网，它不会因政府声称要"让市场调节在资源配置中起决定性作用"而自动退出历史舞台，也不会因企业一个个改制为股份制企业和上市公司而取消自己的影响力、控制企业的权力。实践表明，无论是改为股份制企业的国有企业，还是改为股份制企业的家族企业，还不能成为真正意义上的股份制企业，更不必说是上市公司了。为什么？可以把国有企业所转化的股份制企业和家族企业所转化的股份制企业分别为例来阐述。

先说国有企业的改制。一些已改为股份制企业的原国有企业反映说，尽管改为股份制企业已多年了，但除了引进资金之外，企业依旧没有摆脱受制于上级主管部门的状态，国有股独大，连股东会都开不起来，有什么意义？至于什么自行决策、自主经营、自负盈亏，都是空话，连干部的任免都由上级主管部门决定，企业至今还没有摆脱行政附属物的地位。这能称作市场主体吗？

再说民营企业的成立。家族企业有些仍维持建立时的原状，家长主持企业，不过也有采取家族成员分别持股模式的，家长担任董事长。但经营方式不改，更没有公司治理结构配套制度改革。民营企业，包括家族企业，在激烈的市场竞争中，如果不在体制上进行深层次的改革是难以扩大的。

从上述的国有企业的股份制改革和民营企业的股份制改革这两个领域来看，距离完美的市场经济体制都有一定差距，甚至有相当大的差距。因此可以认为，深化国有企业改革和促进民营企业（包括家族企业）的转型都是完善市场经济体制的必不可少的措施。显然，继续简政放权，依然必要。

当前，要让中国经济进一步升级，市场竞争力进一步增强，最为重要的是积极推进混合所有制经济的改革，也就是国有资本体制和国有企业（国有独资企业、国有绝对控股企业、国有相对控股企业）改革。这个领域内的简政放权同样是同国有企业配合而行的。

我在2013年出版的《中国经济双重转型之路》一

书（中国人民大学出版社出版）中指出，国有资本体制改革分为两个层次：一是国有资本配置体制的改革，二是国有企业管理体制改革。前者是第一层次的改革，后者是第二层次的改革，二者不可混为一谈。

国有资本配置体制改革是首要的。在市场经济体制下，国有资本无疑承担了更大的社会责任，若国有资本配置不多，国有资本的资源配置效率低下，闲置的国有资本多，这也无疑是国有资本最大的损失。因此在国有资本配置体制中，重在提高国有资本的配置效率，即不仅要维护国有资本，防止其流失，而且要合理配置国有资本，使其产生更高的国有资本配置效率。根据这一改革思路，国资委只管国有资本的配置，并成为国有资本的所有权人，形成如下的格局：国资委—国家投资基金公司—国有企业。

第二层次的改革是国有企业管理体制改革。国有企业（包括国有独资企业、国有绝对控股企业、国有相对控股企业）都成为法人治理结构健全的、自主经营、自负盈亏的市场主体。它们按照股东会、董事会的决定开展业务，并接受监事会的监督。它们的社会责任同其他类型的企业一样，都应把为社会提供优质的产品、优质的服务、出人才、出经验作为要履行的社会责任。它们开拓市场，扩大市场份额，就是给社会做出的最大贡献。

目前正在推进的大力发展混合所有制经济的改革，正是让国有企业（包括国有独资企业、国有绝对控股企业、国有相对控股企业）从体制上确定自主经营的市场主体地位的改革，也就是国有企业管理体制改革的方向。

可以清楚地看到，从这个角度看，发展混合所有制经济的改革在很大程度上同国有企业体制改革是一致的。简政放权作为行政管理制度改革的内容，既同国有资本配置体制的改革相互配合，又同国有企业管理体制的改革相互配合。

在混合所有制企业的改革过程中，党委必须在改革中起到主导作用，必须围绕企业经营开展工作，并且参与企业的重大问题决策。通过党委会在公司治理中的特殊地位，确保我国国有资产保值、增值，并且通过混合所有制经济的发展，加强党委参与公司治理的广度、深度与层次的整体性与立体性、丰富性。特别是做好以下几点：首先，政治思想领导。党组织在企业管理中，最重要的职能就是在思想上统一公司的经营目标、方针路线以及经营管理，即在政治、思想和组织上领导国有企业或者是未来的混合所有制企业，以保证中央和国家的指导方针在企业层面得以贯彻落实。当然这也要求企业党组织更具掌握企业现状和未来的眼界，因地制宜落实措施。其次，监督职能。目前我国的国有企业都普遍存在内外监督乏力的现象，因此企业单位就有义务依法发挥监督职能，做好内部人控、外部监管的工作，以弥补企业管理制度的不足。当然党组织的工作应该围绕企业的日常经营开展，保护各方面利益，并且调动企业的积极性、主动性，促使企业更好更快发展。再次，党管干部。党管干部是我国国有企业中党组织作用的重要体现，贯穿了企业经营的整体，也在经济激励角度确保了企业与中央的指导方针一致，这就要求企业在人事工作方面坚持党的领导，避免政出多门，同时依法由各级党组织行使决定任免权。

可以预判，只要国有资本的配置效率日益提高，只要国有企业经过管理体制改革后活力增强、竞争力增强，中国经济的持续增长就有了保证，中国广大公众和企业就会有更大的积极性、主动性，中国特色的市场经济体制也就会越来越完善，越来越有活力。国有资本和民间资本之间合作、双赢的局面也将形成。

《水浒传》里有一个故事，讲林冲犯罪发配到河北沧州，路上经过了富豪的庄上。富豪听说过林冲的大名希望好好招待他，庄上一个姓洪的教头心里不高兴，提出比武。林冲起先不愿意，后听富豪说与洪教头并无交情才答应下来。打了一会儿后林冲认输，说自己是犯人，身上有枷锁，没办法打赢。庄主令人卸下林冲身上的枷锁，林冲几拳就打败了洪教头，令他羞惭而去。这个故事告诉我们，国有企业和民营企业的改革就是要简政放权，去掉他们的枷锁，让他们施展武艺。减少审批，只管该管的事情，可以预见，无论国有企业还是民营企业都会有长足的发展。

（2016年）

摆脱路径依赖，在新思路指导下前进

一、为什么会留恋旧的发展方式

第二次世界大战结束以后，亚洲、非洲一些独立的国家想早日摆脱贫困状态，于是听从了某些发展经济学家的意见，致力于引进外资，结果，虽然经济增长率高了，人均 GDP 增大了，但没有改变原来的体制，依然处于贫困之中。

这些发展中国家的困难，逐渐被一些经济学家从新的角度做了批评解释，都认为发展中国家只顾发展，只顾引进外资，盲目发展，盲目开放投资，盲目输出资源而不改体制，这是有害的，就会使他们陷入低收入陷阱。中等收入也能达到，但同样会陷入中等收入陷阱。这样就产生了一个新的名词，叫路径依赖。路径依赖是什么意思？就是说，走老路是最保险、最安全的，因为前人是这么做的，后人跟着他们的脚步走，这样的话不承担责任，同时也就回避了走新路可能遭遇的风险。在这种情况下，于是很多国家虽然感到现在的旧发展方式有问题、有矛盾，但还是坚持它的路径依赖。

留恋旧的方式渐渐成为一种惯例，即使某些发展中国家能够从低收入陷阱走出来，进到了中等收入陷阱，但到了中等收入阶段怎么办？还跟过去旧方式一样，结果就陷入了旧的陷阱。这种情况也有例外，希腊就是一个例外。希腊在20世纪转到21世纪的阶段中，人均收入或者人均GDP的收入都超过了过去，超过了人均GDP1·2万美元。1·2万美元被认为是条杠杠，超过以后，联合国、世界银行就纷纷祝贺，你超过了中等收入。但又怎么样？制度不改，金融风暴一来，它受到波及，马上又下去了，又回到了中等收入陷阱阶段。所以，从低收入陷阱和中等收入陷阱就可以看出，走老路并不一定是没有风险的，而且风险绝不比改成新模式的风险小。

二、新旧发展模式更替如何成为革命

这是全世界很多经济学家在讨论的问题。对中国来说，旧发展方式的影响是深远的，旧发展模式持续了多年，在社会上有许多人信它。严格来说，在中国，只有中共十八大以后，中共中央才把新旧模式更替作一场革命，是发展方式的革命。尽管在强调开展供给侧结构性改革的时候，一再提到新发展方式对旧发展方式要替代，但路径依赖的影响不可轻视。不少人认为按中国的国情还是慢为好，慢慢地改，新发展方式还在推。这是一个大问题，就是说，传统发展模式是不会自动退出的，要挤它，这样才能找到新发展方式。路径依赖在思想上成为一个障碍，这个障碍是什么？就是说，既然要改，那就慢慢改，所以说它没有一种急迫性，并且还认为这种发展方式的改变，实际上是跟资源配置的改变结合在一起的。

所以，我们可以得出这样一个结论，先要分清楚什么叫旧发展方式，什么叫新发展方式。旧的发展方式就是走老路，跟着走，责任前人负了，这里没有新东西，反而可以避免创新的风险。这就是旧方式。新方式呢？就一定要通过重要的改革，通过一些革命性的改革才能做到。最重要的是改革什么？比如说让企业成为市场主体，这就是一种改革，改革以后，就能够使企业真正地自己经营、自负盈亏。还有，通过新发展方式改革重在科技创新。科技创新，能提供新产品、新产能、新功能等，这个是重要的。你不搞这个，旧的怎么被替代，新的怎么把旧的赶走？

根据以上所说的，我们可以看得很清楚，在中国，市场一定是要摆在重要位置，是决定资源配置的主要方式。但经济中还有一些例外，比如说公益性部门，比如说跟国家安全有关的部门，还有特别重要的新科技的研究单位。这种情况之下，虽然要利用市场调节，但政府也应该发挥规划、引领、支柱的作用。那就是说，一般情况下，怎么样把经济转型呢？就是市场来调节，不改就被淘汰了。但是特殊的行业、非营利性行业、纯粹公益性行业就采取另外的方式，政府发挥引领的作用、扶持的作用，等等。

三、改革是不能拖的

这个问题为什么现在这么急？改革是不能拖的，不能长期在这里较量，是旧生产模式好，还是新的生产模式好。经济在前进，企业有同行，国外有同行，国内也有同行，你不改就被淘汰了，不改就竞争不过别人了。

再走以前的道路，路径依赖的道路，最后只能延迟经济的转变。这个转变是什么？我们可以简单地说，旧的会转新的。旧的是重数量、重速度，新的是重质量、重效果。企业是相互观看的，所以说不是不变，它没有感到压力不会变，压力在前面了，你不变你就被淘汰，就是这种情况。置之死地而后生，应该有这样一种想法，但我们现在却不是这样。

我们现在怎么样？认为转变是可以的，得慢慢来，别那么着急。为什么？一转变快了，失业问题怎么解决？一转变快了，东西稀缺，引起物价的上升吗？你这样做，新产品的销路何在？你在没有初始把握之前，你的创新是不是会带来更大的风险？有各种各样的争论，这些争论靠什么？靠深入学习十九大理论。十九大理论上讲得很清楚，我们重在发展理念的转变。发展理念转变了，你才能够前进，发展理念不转变，仍然是修修补补的方式，甚至盲目认为现在路线已经都通了，不能再大干快上，这对长期的转变、转型来说是不够的。所以这里应该提出这个问题。

世界上很多国家走过的高速发展都是暂时的、不能维持的，因为经济学家都知道高速度不是常态。中高速增长对某些国家来说，走过了也不是常态，还在变，还在往下走。因为经济在发展，所以说在中国目前的情况下，不要再留恋高速度，中高速度就够了。中高速度以后怎么样？看情况。我们把中高速度作为常态，能够持久。至于说去库存、补短板、降成本等，要不要做？还需要做。因为你有这些需要来补的短板，需要继续前进的机会的话，你不利用，别的企业就用了。每一个企业家都应该这样的，并不是我用不用的问题，而是我的工人能不能继续在这里就业的问题，我的市场是不是被别人夺走的问题。对我们来说，中高速增长是维持经济常态的一个必要。

就中国来说，怎样保证今后的发展能够继续下去？首要就是在今后的日程中，我们应该注意到企业的对手也是企业。当别的企业试验成功了，有新产品、新产能的时候，逼着你改，你不改他兼并你，你就垮了。这个不是坏事，真正的经济发展方式的转变，是在竞争中出现的，是在有所为、有所不为，放弃一些东西，才能够坚持下去。这一点企业应该看得很清楚。企业应该看到，转型阶段正是为未来人力资本做准备的阶段，这样一旦铺开了是快的。我们认识到这一点就行了。

改革是不可能止步的，你按旧方法就待在这里了，迟早要被淘汰。那就不如出来拼，出来改。所以现在是叫二次创业，对民营企业来说特别重要，民营企业今天正面临着二次创业的阶段，如果没有二次创业怎么来应付下一阶段的竞争？人才的培育，也应该朝这个方向走。人才大大不够，培训以后更多的人是在新的工作岗位上把技术提高了，知识提高了。不要害怕，这就行了。不能再去依赖过去的路径，我们只有通过竞争自己、改造自己、创新路子，中国企业才有更美好的前途。

（2018 年）

第三章

溪泉涓滴却无穷

看罢青山旭照红，诗情原在淡云中，迎春浅草碧葱葱。
湖海苍茫终有岸，溪泉涓滴却无穷，细流长绕最高峰。

——《浣溪沙·张家界》，1988 年

一场正在进行的争论

　　世界在加速变动着。在讨论人类社会和经济的未来时，国外的经济学界实际上存在着两种截然相反的看法，即悲观论和乐观论。在两个极端之间，还存在着若干种中间的、过渡性的看法，或者有些人在某些方面倾向于悲观主义，在另一些方面却又倾向于乐观主义。

　　不要简单地否定其中任何一种观点，而应当深入地去剖析它们，了解它们产生的原因，以及它们的依据何在。即使是怀有悲观情绪的西方经济学家，他们也不是凭空出现这种关于人类社会经济前景渺茫的感觉的。而且，正由于他们发现了未来充满着危机，所以他们号召人们努力寻求控制的方法，以免明天为今天付出重大的代价。他们的经济观点中仍有可取之处，这就是：他们认识到目前正处在具有实质性变化的阶段，人类需要导航，需要改变一些传统的思路。从这个意义上说，他们同乐观主义者一样，相信未来主要取决于人类，取决于地球上亿万人们的作为。如果人类缺乏远见，那就会招致灾难性的前景的降临。

不容否认，悲观论和乐观论尽管都把人类未来看成是取决于人类今天的行动，但二者之间的区别仍是明显的。在这里，需要弄清楚的问题是：为什么一些人从这一点出发，得出的是悲观的结论，而另一些人也从同样的地方起步，却对人类未来充满了信心？

以人口、资源、环境问题来说，悲观主义者认为人口的增长、资源的消耗、环境的破坏，已经超出了地球在稳定状态下所能承担的能力。即使人口停止增长，但只要经济仍在继续增长，那么最终必将导致资源耗竭和环境的严重污染。新资源的发现、某些新技术的采用可能推迟人类社会最终崩溃的时间，但不能长期推迟。何况，有些新的发明仍会加剧环境破坏，加速资源耗竭，从而不一定使人类赢得足够的时间。但乐观主义者与他们不同。乐观主义者的看法是：不要对经济增长规定什么明显的限制，即使新的资源、新的技术和经济增长会带来新问题，但它们确实能够提高效率，改善生活质量，降低人口增长速度，保护环境，保存宝贵的资源，更重要的是，能够开发和发现新的资源。因此技术进步是人类的希望，它增强了人类解决现实问题和创造富裕世界的能力，使人类真正成为自然界的主人。

不仅如此，与悲观主义者预料技术进步和经济增长的主要后果是贫富之间差距扩大的论断不同，乐观主义者认为：通过技术进步和经济增长，即使在某些地方，贫富差距会有所扩大，但在另一些地方，这种差距却有所缩小。一般说来，穷者和富者的收入都会增加。最终的结果是：技术的不断发展会在今后若干年内把所有国家都变成不那么贫困的国家，把所有的人，除少数例外而外，都变成不那么穷苦的人。

如何看待乐观主义与悲观主义者在人类社会经济前景方面的争论？如何对这两种同样流行于西方的经济思潮进行评论？虽然本文不可能专门去回答这样一些问题，但我想，我们通过对当代世界经济思潮的比较研究，毕竟可以得出一个总的看法，那就是：由于各国社会制度不同，经济结构不同，生产力发展水平不同，经济发展的历史背景不同，以及自然资源不同，每一个国家都有自己的特殊的问题。无论是持有悲观论点的西方经济学家还是持有乐观论点的西方经济学家，尽管自己声称是站在世界立场上来分析问题的，并且他们也确实多多少少涉及了一些世界性的社会经济问题，但不能忽略的是，本国所面临的现实问题，包括具有一些特殊性的问题，始终是他们考虑的重点。

他们提出的对策，悲观的也好，乐观的也好，也都同本国社会经济的特殊性有关，同本国的社会制度，经济结构、生产力水平、历史背景、自然资源的特殊条件有关。这样，我们就可以从他们的议论中，分辨出哪些是不正确的，哪些是可供参考的，哪些是纯粹消极的、哪些又含有积极的因素。

（1986年）

建立什么样的"伦理的经济学"

在西方经济学界，无论是以哈耶克为代表的这样一些右翼的、保守的经济学家，还是主张采取制度结构分析的、比较激进的经济学家，都把对人的研究提到经济学研究的主要位置。这实际上告诉我们：在经济学研究的更高的层次上，即在研究经济管理体制和经济发展目标之上，还存在着一个对人的研究的领域。如果说在经济管理体制和经济发展目标这些层次上已经不能回避人的问题，不能不涉及经济学中的伦理原则的话，那么在这个更高的层次上，几乎所要探讨的每一个问题都是经济学研究与伦理学研究相结合的问题。这样也就十分自然地出现了建立一种"伦理的经济学"的需要。西方经济学界已经这样做了，我们该怎么办？难道说简直不必考虑这个问题么？

很长时间以来，在我国，关于人的学说一直被当成经济学研究的禁区。谁要是提出研究人的学说，就会被看成是反马克思主义的，这种观点是同马克思主义经济思想相违背的。马克思研究了资本主义经济关系，发现了剩余价值规律，找到了人类解放的道路。马克思主义经济学把人理解为社会的人，实践的人；经济规律，归根到底是人的活动规律。人是社会的主人，研究经济学，不能离开对人的研究，从而也不能离开对经济学中的伦理原则的研究。

我们知道，人的生产活动总是根据一定的生产力水平，以一定的方式，结成一定的生产关系来进行的。这就必然形成个人与个人、个人与社会等关系和各种矛盾，以及产生如何看待这些关系和矛盾的评价问题。这样，就形成了人们一定的伦理观。历史唯物主义始终是我们应当遵循的基础理论。根据历史唯物主义原理看，由于历史上各个社会形态的生产力和生产关系的性质不同，由于阶级社会中各个阶级的社会地位和阶级利益不同，因而各个社会、各个阶级的伦理观也是不同的。当然，在资本主义这样的阶级社会中，由于生产关系主要表现为资产阶级剥削无产阶级的关系，因此西方经济学家关于公平原则、收入分配、利益协调的学说，具有鲜明的阶级性。他们利用自己的伦理思想去维护资产阶级的利益，以自己的善恶标准和道德舆论去否定不利于资产阶级的行为，并要求在广泛范围内按照资本主义制度的利益调整人们的行为和各种关系。这一点，我们在前面已经提到了。

西方经济学家在把经济学研究提到更高的层次上的时候，是主张建立一种"伦理的经济学"的。这种"伦理的经济学"显然是按照他们的伦理观和他们的经济学信条来建立。例如，哈耶克通过把经济学与伦理学的结合而提出的关于私有制的学说，就是公然为资本主义制度辩护的学说。哈耶克认为，私有制的最大好处在于它保证了个人的自由；甚至对无产者而言，它也是个人自由的最重要保证。在哈耶克看来，一个无产者，在私有制的社会中，他必然受雇于有产者，但他如果认为某一个雇主不能满足自己提出的要求时，他可以离开这个雇主，转向另一个人，但取消私有制之后，他却不得不服从于国家管理机构。哈耶克承认私有制社会存在着穷人和富人，穷人在机会方面受到的限制要比富人多得多，并且穷人致富的可能性要比拥有遗产的人致富的可能性小得多。哈耶克还承认，在私有制的社会中，有些人的生活是很困苦的，但即使这样，保存私有制社会仍然比取消私有制社会要好，因为在私有制社会中，穷人有选择职业的自由，他可以到能够施展自己才能的地方去努力工作，并由此致富；然而私有制被取消之后，个人不能选择职业或更换职业，从而个人无论怎么努力也不能使自己的处境变得更好些。这就是哈耶克站在资产阶级立场上对保存私有制和取消私有制的评价。在这里，我们姑且不谈取消私有制、建立公有制之后是否个人就没有职业选择的自由了，因为曾经存在于私有制消灭后的社会中严格限制人才流动的现象不应当被看成是正常的现象，我们不必去赞美这种曾经有过的不正常的现象。在这里，我们也姑且不谈资本主义私有制条件下是否确有一些穷人通过个人的努力而致富起来，因为否认这类现象的存在也是没有意义的。在这里，有必要说明的是，对私有制的是非善恶的评价应当放在一定的历史条件下和一定的生产力水平之下去考察，对取消私有制以后的社会也应当有一个历史的看法。经济学中的伦理原则不能脱离实践，并要通过实践来予以检验。但不管怎样，不能像哈耶克那样带有资产阶级的阶级偏见来看待私有制与公有制问题。经济学和伦理学的结合只能是在历史唯物主义基础上的结合，而不能成为替资本主义制度辩护和对社会主义制度攻击的又一种论据。关于这一点，我已经在《关于经济问题的通信》一书的第九封信《经济行为的道德判断和实践检验的统一》中做了阐述。

由此可见，问题不在于是不是需要建立一种"伦理的经济学"，而在于需要建立的是什么样的"伦理的经济学"。

要建立一种"伦理的经济学"，就必须把福利概念作为"伦理的经济学"的出发点。福利问题实际是关系到生活的意义、创造与享受的关系、个人福利与公共福利的关系、物质生活与精神生活的关系等问题。人固然不能排斥生活的享受，但享受应建立在劳动创造的基础上，与创造结合在一起，因为只有劳动创造，才能使人们认识生活的意义和真正享受到生活的乐趣。由于一个人的创造与享受，总会与别人的创造与享受发生关系，因而无论是创造还是享受，都具有社会性。我们不能同意西方福利经济学中的这样一种观点，即认为人的本性是利己主义，只有在人人利己的基础上才能在客观上促使公共利益的实现。如果从这种福利概念出发来建立"伦理的经济学"，那只能是一种利己主义的经济学。

在以公有制为基础的社会主义社会里，个人的利益与集体的、国家的利益应当而且能够结合起来。这种结合是在发展集体、国家的利益中，使个人利益得到保障。不仅如此，这里所要保障的个人利益，不应该只是空洞的许诺或某种精神上的安慰，它应当有具体的内容，包括物质和精神两方面的内容。也就是说，我们反对禁欲主义，重视物质生活，把后者看成是福利的基础，是人生存、活动、创造的必不可少的条件。而在重视物质生活的同时，也同样重视精神生活在增进人的福利中的作用。一个社会，如果物质财富很富裕，但精神很贫困，这将是一个畸形的社会。只有从人的现实生活出发，既肯定物质生活的重要性，又重视精神生活的重要作用，既把福利看成是个人应当通过自己的创造去争取实现的东西，而又把它与整个社会事业和国家的前途相联系，同未来的利益、未来的希望相联系，这才是我们所要建立的"伦理的经济学"的出发点。

如果我们摒弃了西方经济学家在讨论经济学中的伦理原则时所惯用的利己主义的福利的含义，而把对福利的正确理解作为我们建立"伦理的经济学"的出发点，那么我们又何必讳言"人"在马克思主义经济学中的地位呢？我们又何必不敢涉及作为经济学研究更高层次上的对人的研究呢？可以说，既然西方经济学家已经把生活质量、公平原则、利益协调等带有强烈道德判断色彩的经济理论问题作为经济学的重要研究课题，并且正在从不同的角度建立一种"伦理的经济学"体系，为什么我们不去阐明马克思主义对同样一些问题的正确理解，并用我们的"伦理的经济学"去同他们的"伦理的经济学"对照呢？如果说这两种

"伦理的经济学"之间有什么实质性的区别的话，这就是：尽管所讨论的是相类似的一些课题，所关心的都是人的问题，但马克思主义认为，在阶级社会中，人总是在一定的阶级关系中进行活动的并没有像西方经济学家所分析的那种超阶级的"一般的人"；人对人的剥削、歧视是造成不尊重人、不关心人的现象的最重要根源，而不像西方经济学家那样力图在维持资本主义私有制基础上去空谈对人的尊重和关心。

（1986 年）

为新文化创造经济基础

　　我今天演讲的主题就是经济改革、新公有制、新文化三者之间的关系。我想，把这三者之间的关系说清楚了，大家对中国经济改革的意义和前景的认识就清楚了，对中国经济改革中所遇到的各种艰难曲折也就较易理解了。

一、人的研究

　　在研究经济问题时，我们经常遇到一个问题：发展经济究竟是为了什么？我们是向谁提供产品和劳务？我们为什么要生产出越来越多的产品和劳务？这就是说：生产的目的究竟是什么？其实，这个道理应当是大家都懂的：生产本身不是目的，人不是单纯地作为劳动力而生活在世上的，人不是为了生产，生产是为了人。生产的目的是使人们得到更好的关心和培养。假定只顾提供越来越多的产品，而人们的生活水平没有提高，人们的文化教育水平没有提高，人们并没有得到尊重，人们的潜在能力发挥不出来，这些都不符合生产的目的。

根据这个朴素的道理，我们可以给经济学下这样一个定义：经济学不仅限于研究如何增加物质财富，更应当研究如何利用人们：创造出来的财富来满足人们的物质和文化生活的需要。"物"并不是经济学研究的中心，经济学研究的最高层次是"人"，经济学研究的中心是"人"。

根据这个朴素的道理，我们可以了解中国目前正在进行的经济改革的意义：经济改革并不仅为了使我们将来能够拥有更多的产品，更重要的是如何使中国人能够过富裕的生活，使他们有更高的文化教育水平，使他们真正成为社会的主人，得到社会的关心、培养、尊重。从这个意义上说，就经济而论经济，就经济改革而谈经济改革，是远远不够的。

我们必须承认，在满足人们的物质文化需要方面，在人的全面发展方面，现状距离我们的要求或理想有不少差距，为此我们需要进行改革，包括经济体制改革、政治体制改革和新文化的建设。我们相信，只要这几方面的改革与建设取得实质的进展，劳动者的积极性被真正调动起来，人的聪明才智充分施展出来，不但我们的平均国民收入会在劳动生产率提高的基础上不断增长，而我们的国民素质也必定因经济发展和新文化建设的成就而大大提高。改革，正是中国的希望所在。

二、新文化尊重人

1949年以前，忽视人的地位和作用的旧文化在中国占据主导地位，是可以理解的。为什么1949年以后，旧文化还是这样强大呢？这是因为，旧文化在新的形势和新的经济环境中找到了新的表现形式。

当然，1949年前后的旧文化是有一定联系的。旧文化的特色是非科学和非民主，新文化的特色是科学和民主。关于这一点，前人早已作过分析。现在需要在这一分析的基础上再作进一步的概括。旧文化以神为中心，新文化以人为中心；旧文化强调的是权力，新文化强调的是知识。正因为旧文化强调权力，所以旧文化是一种官本位的文化，而由于新文化强调知识，所以新文化必然以人民为出发点，以科学为出发点。这样，无论是 1949 年前的旧文化还是 1949 年后以新形式出现的旧文化，其共同点就是迷信，而不以人为中心；就是对权力的崇拜和追求，而不是尊重科学、尊重知识、尊重人民。正由于旧文化在旧日中国经济中的基础非常坚固，旧文化在封建土壤中的根扎得太深了，所以 1949 年以后，除原来的旧文化照样存在外，又加上新形式下的旧文化。这就是说：在 1949 年前的旧文化未被清除的同时，又增添了 1949 年后的旧文化。如果我们把 1949 年前的旧文化称做"标准的旧文化"，把 1949 年后出现的新形式下的旧文化称做"改装的旧文化"的话，那么从 50 年代到 80 年代这段时间内实际存在于中国的，是两种旧文化，即"标准的旧文化"与"改装的旧文化"的并存，60 年代末到 70 年代中期，是两种旧文化最明显地结合在一起的典型时期。中共十一届三中全会以后（1979 年以后），"改装的旧文化"已经有较大的减弱，而"标准的旧文化"的减弱程度则小得多，甚至在某些方面（如农村中的大修祠堂、大造坟墓、大讲婚丧排场等）还有所滋长。这一方面说明了旧文化存在的独立性，即并不随着经济结构的调整和经济改革的进展而立即消逝的独立性，另一方面还表明：只要旧文化已渗透到人们的生活方式之中和习惯之中，那么旧文化的表现就可能与人们的经济能力有关。家庭收入太低，连饭都吃不饱，即使人们想修祠堂、造坟墓、讲排场也会力不从心。当然，这不是说没有人用举债的方式来操办这些事，而是一般地说，人穷，这些自然会从简；有了钱，"标准的旧文化"很快就渗透到人们的生活之中，并滋长起来。

从这里，我们可以了解到，单纯依靠提高人民的收入水平，并不能消除旧文化，甚至连标准的旧文化也难以消除。由于旧文化处处是否定人作为社会主体的地位的，是以愚昧、盲从为特征的，所以在中国，要真正消除旧文化和促进新文化的发展，必须在发展经济的同时发展教育，提高国民的科学文化素质，而且这种教育，不是仅仅以传授知识和技术为主要内容，更重要的是把"人的现代化"作为主要内容。

要知道，没有"人的现代化"就谈不上社会经济的现代化和科学技术的现代化，没有"人的解放"，就谈不到生产力的解放。新文化是同"人的现代化""人的解放"联系在一起的。了解了这一点，我们就能懂得新文化建设的深远意义。

三、新文化的基础

就中国的情况而言，为什么旧文化的势力这样强大而新文化始终这样弱小呢？原因在于新文化没有自己的经济基础。1949年以前的旧文化以旧的经济制度为基础。而从50年代末到中共十一届三中全会前，另一种形式的旧文化，即"改了装的旧文化"，也是有经济基础的。这就是僵化的产品经济体制，是政企不分、官商不分、抑制了生产者积极性的传统形式的公有制，所以新文化还是缺乏相应的经济基础。党的十一届三中全会的伟大意义在于冲破长期"左"倾思想的束缚，解放思想，为在中国建设适应生产力发展的社会主义体制指明了道路。党的十一届三中全会以来，我们不仅改革旧经济体制，建设新经济体制，而且也反对旧文化，包括那种"改了装的旧文化"，建设社会主义的新文化。社会主义新文化的经济基础就是社会主义有计划的商品经济，就是政企分开、官商分开、充分调动了生产者积极性的新型公有制。

只有把经济改革的任务同社会主义新文化建设的任务结合起来进行考察，我们才能懂得这10年来我们所做的工作之重大意义，也才能了解我们的改革事业之艰辛、困难。以新经济体制代替旧经济体制固然不易，以社会主义新文化代替旧文化尤其困难。改革中存在着利益调整问题。旧文化、旧习惯支配着人们对利益的看法、对发展生产力的看法、对教育和文化的看法，而旧经济体制又造成了平均主义和一系列利益刚性（如工资刚性、就业刚性、福利刚性等）。改革必然要触动每个人原有的利益。对一个人来说，如果他有五个方面的利益，哪怕有四个方面的利益增加了，只有一个方面的利益减少了，那么他很可能对改革有所不满，因为利益的增加在他看来是理所当然的，而利益（即使是不合理的利益）的减少，他则认为是不对的。于是社会上存在着种种因利益摩擦而发生的不满。可见，人们不从利益观念上有较大的转变，不破除平均主义和旧经济体制造成的利益刚性，不破除利益本位的各种利益攀比，不建立与社会主义商品经济相适应的新文化观念、新利益观念，改革再往前深入，阻力会越来越大，改革所遇到的困难也就会相应增加。只要我们了解了这一点，我们就可以得出以下三个论点：

第一，改革不仅是同有 30 年历史的旧经济体制发生冲突，而且是同有两三千年历史的旧文化、旧习惯势力发生冲突。改革当然是不容易的。

第二，改革无疑给人们带来了不少新的利益，但由于改革打破了（或准备打破）旧体制下的利益刚性，又使人们失去了某种原有的利益。所以，当人们只注意原有利益的失去而不注意新利益的增加时，改革遇到的阻力就加大了。

第三，利益刚性是不合理的，由利益刚性所带来的原有利益中有些不利于生产力的发展，这些都非改不可。我们的改革绝不能就此止步，不能因为怕触动这些不合理的利益刚性而止步，否则我们的生产力发展不起来，中国经济无法繁荣。

从历史的角度看，从我们同有两三千年历史的旧文化的冲突的角度看，10年只是历史长河中的一瞬间。10年改革所取得的成就是惊人的。历史将会对此做出公正的评价。

一旦新文化有了自己的强大的经济基础（社会主义商品经济体制和新型公有制），新文化必将取得胜利。社会主义经济改革的进展与社会主义新文化的建立将是同步的、不可遏制的。

四、中国的希望

刚才谈到了信心问题。我想，在座的各位一定和我有同样的感觉。目前，中国的经济建设的确遇到了一些困难，什么通货膨胀啦，"官倒""私倒"啦，腐败现象啦，教育危机啦，等等。我们应当承认这些事实的存在。但是，埋怨，发牢骚，都无济于事。我们只有承认现实，理解改革过程中的困难和艰辛，找到问题之所在，才能知道为什么改革是不可逆转的，困难总可以在继续改革中得到解决。既然经济改革的对手不仅仅是 30 年的旧体制，而且也包括三千年的旧文化、旧传统、旧习惯势力，那么我们就可以了解到，如果大家只是埋怨、发牢骚、甚至泄气的话，旧体制不会自动瓦解，旧文化、旧传统、旧习惯势力也不会自行消失。这样一来，中国的前途不是更没有希望吗？

在国内，由于我一直在大学教书，课上课下，我接触到不少青年人。譬如说，年龄大约三十多岁的这一代青年人，他们不像 50 年代上大学的那一代人在参加工作前后有过一段理想主义的美好日子，也不像那一代人那样较晚才对旧文化统治的顽强性有所认识。这些年轻人在上中学或上大学时就以"破四旧"的名义参加了"文化大革命"。他们的悲剧在于：他们是被愚弄、被欺骗的一代，他们是在"名为破除旧文化，实为维护旧文化"的逆流中，不自觉地成为新文化的破坏者队伍中的一员的。迷信、盲从、无知、偏激，使他们在戴上红袖章和捧着小红书，唱着造反歌和手执棍棒、皮带到处冲杀时，还自认为是"五四"精神的忠实执行者。然而，他们很快就醒悟过来了。上山、下乡、失学、待业，这些使他们懂得了旧文化的危害，特别是对他们这一代人的危害。他们中的相当多的人成为1976年"天安门事件"的参加者和支持者。历史既是这样的无情，又是这样富有戏剧性，旧文化的蒙蔽对象转眼之间变成了最痛恨旧文化的一分子。但怎样建设新文化呢？怎样使新旧文化的长期战斗最终以新文化的胜利来结束呢？他们思考过这些问题，其中有些人现在也成为新文化建设的积极参加者。而从这一年龄的大多数人来看，由于他们在那些动荡的年代里失去了学习的机会，他们对于新文化建设，更多的是感情上的要求和期待，而不是就这个问题的深入的理论分析和探讨。但是有一点，他们同其他年龄档次的人是相同的，这就是：他们从亲身的经历中懂得了旧文化的退出和新文化的建设都是很不容易的。

又譬如说，比他们更年轻的一代人，即大约二十多岁，不到三十岁左右的人，情况又有所不同。一个22岁的大学毕业生，可能出生于"文化大革命"爆发的那一年。一个30岁的讲师、助理研究员、工程师、博士生，在开始"文化大革命"的那一年，可能连小学还没有上，因为1966年，连小学都停课了，不招生了。"文化大革命"的印象，他们已经记不起了，或者他们根本没有这种印象。他们是在"文化大革命"结束以后开始自己正规的学习生活的，他们的成长同中共十一届三中全会以来的正确的方针和政策有关。他们学到了新的知识，他们赶上了改革与开放的时代。他们是新文化的天生的追求者和向往者。同外界交往的频繁，对中国经济和技术落后的不安，校园生活中的学术探讨气氛，这一切使这一大批年轻的大学生、研究生、教师、科学研究者、技术人员成为新时代的新文化建设的积极分子。然而，他们自身具有不可忽视的局限性，因为他们太年轻了，他们对中国的现实社会状况了解得很不够，他们不了解旧文化势力的顽固和有力，误以为新文化的建设是那么顺利，那么容易。他们也许会认为，只要新文化一出现，旧文化自然就会退出历史舞台。这种把问题看得过分简单的想法，使他们又成了另一种意义上的理想主义者，只是这种理想主义与50年代的那些年轻人的理想主义有所不同：50 年代的理想主义者以为摧毁旧文化的任务已由上一代基本完成，因此留给他们的任务将是新文化的建设；80 年代的理想主义者虽然并不认为摧毁旧文化的任务已经基本完成，但他们却认为，在他们的积极参与之下，新文化将很快地战胜旧文化。不切实际的理想主义可能带来的是急躁和激动，以及在遭到挫折以后的悲观、失望。照理说，他们是幸运的一代，埋怨情绪应当比年龄大一些的人少，但实际上并非如此。为什么呢？这一方面是由于他们对改革事业的艰辛了解得太少，另一方面则由于单单靠他们的知识（他们是有知识的一代人）和他们的热情（他们不乏热情）并不足以战胜旧文化。在新文化的经济基础尚未建立之时，新文化是不会胜利的。

于是他们埋怨起来了。但埋怨又有什么用呢？他们失望了，失望能改变现状吗？信心始终重要，信心不能丢掉。改革再困难，我们也要硬着头皮干下去。我们算是豁出去了，我们与改革共命运。因此，在今天的讲演会前，我同单志明、区树鸿两位先生谈过。我说："中国的希望在于我们大家对改革有信心，对新文化建设有信心。大家都没有信心，那么改革就真的没有希望了。"

我相信，我这么讲是有根据的。在座各位，不少人十多年前到过国内，不久前又故地重游。变化大不大？肯定可以看出巨大的变化。再过 10 年，变化还会大，这毫无疑问。我们大家，包括信心不足的人在内，要正确地认识世界经济形势和发展趋向，我们要正确地估计国情。10 年采的变化是不小的。10 年前，我们不可能公开讨论我们的落后和我们同世界其他国家的差距，我们不可能针对中国的经济问题，畅所欲言地争辩，更重要的，那些不科学的最高指示成为唯一可以援引的解决中国经济问题的依据。因此，在阻碍中国经济发展的种种阻力之中，旧文化作为不可忽视的阻力之一，在 10 年前达到了无以复加的地步。看到了这 10 年的变化，我想我们对于前景应该是有信心的。

五、科学与民主可以救中国

当我们看到中国经济至今仍然大大落后于世界上许多国家时，我们很自然地会想到这样一个问题：如果听任非科学、非民主的旧文化继续统治着我们，支配着我们的思想，那么我们也许仍然不了解自己的落后。这种觉醒不能不归功于最近 10 年来思想界、文化界、学术界的呐喊，也不能不归功于最近 10 年来我们同国外交往的增多和接触的频繁。现在，我们大家，至少国内的多数人，终于醒悟过来了。改革之所以成为不可阻挡的潮流，科学与民主思想的逐渐深入人心是一个重要的因素。我们完全有理由设想，如果说在社会主义商品经济条件下的新型公有制建立以前，缺乏相应经济基础的社会主义新文化由于相当弱小而不得不在同旧文化交锋时处于劣势地位的话，那么一旦建立了新型公有制，社会主义新文化有了自己的经济基础，社会主义新文化就不再是弱小的了，新文化在同旧文化的交锋时也就不再处于劣势了。社会主义商品经济条件下的新型公有制支持着社会主义新文化，而社会主义新文化也必将以全部力量来为新型公有制的巩固与发展服务。这种相互支持和相互促进的关系对今后中国经济的变化将产生重大的影响。在社会主义新文化的支持下，中国经济必定会进入一个新的历史阶段。

为什么社会主义新文化能够起着这样的作用？为什么中国经济的重大进展不可能没有社会主义新文化的支持？为什么新文化本身的发展和充实又不可能没有社会主义商品经济条件下的新型公有制作为自己的经济基础？对这些问题，可以作进一步的分析，这就涉及科学和民主的问题了。我们现在仍然强调科学与民主可以救中国，不仅仅着眼于科学与民主对经济发展的作用，更重要的是着眼于科学与民主在"人的现代化""人的解放"中的作用。大家不妨想想，如果我们的工人、农民能真正了解平均主义、"铁饭碗""大锅饭"、利益刚性和利益攀比对于经济的危害，以及对于自己长远利益的危害，改革的阻力是不是会大大缩小呢？如果我们的干部能真正了解只有彻底打破这种用行政命令的方式来领导经济的旧体制，中国经济才能起飞，干部及其家庭的收入水平才能在经济增长过程中同人民收入水平一样提高，而经济的管理才能更有效率，商品经济体制的建立和新公有制的建立是不是会大大加快呢？特别是，如果广大人民群众能在科学与民主的思想指导下，把自己真正当成社会的主体，社会上的腐败现象是不是会大大减少呢？我想，我们是会得出肯定的答案的。这就是新文化建设与经济改革、政治改革之间的不可分割的关系。在经济体制改革和政治体制改革取得成就的过程中，与新型公有制相适应的新文化建设一定能成为事实。

整个国民素质的提高需要有一个较长的过程。也许，只有等到我们的经济真正发达了，等到我们广大人民的收入水平大大提高了，生活真的富裕了，我们的文化、教育、科学、卫生事业才能获得充足的发展资金，才能真正得到全社会的重视，而我们的国民素质（包括文化素质、道德素质等）才能大为改善。这并不是过分强调经济的作用，而是根据世界各国经济与文化发展的历史经验而得出的结论。也许，只有到那时，中国传统文化的优秀成果才能真正被重视和发扬光大。要知道，一个民族的优秀文化成果是不会被丢掉的。既然它们是优秀的文化成果，那就经得起历史的筛选，经得起时间的考验。当前我们之所以还没有足够的经济力量来维护它，发扬它，不正是因为穷，因为人均国民收入太少，因为生产力落后么？也许，只有到那时，旧文化，尤其是"改装的旧文化"，尽管还有一定的市场，有一定的影响，但经济发展成就这一事实本身就是对"改装的旧文化"及其立足的基础——传统经济体制和传统公有制——最好的反驳。如果说今天已有不少人对"改装的旧文化"深恶痛绝，对"改装的旧文化"所鼓吹的那一套非科学、非民主的东西从内心感到厌恶，那么这主要是出于理论上、思想上的认识，或者主要是从"改装的旧文化"支配下中国经济的贫穷落后所体验到的。但商品经济发展以后和新型公有制建立以后的中国经济究竟如何，人民收入和生活状况究竟如何，与那种以科学与民主为内容的新文化相适应的经济究竟会使中国社会产生什么样的新格局、新气象，这些仍然是设想中的，它们还不曾成为事实。而一旦这些成了事实，数以亿计的人民真正感受到商品经济发展、生产力发展、新型公有制建立给自己带来利益了，对这一切的认识也就大不一样。认识不再是空泛的、抽象的，而成为具体和实在的。这就会给人们一种信念、一种精神力量。那时，"改装的旧文化"即使再以娓娓动听的辞藻来蒙蔽人们，崇尚科学与民主的人们也不会再相信了。

六、企业家能做些什么

在国内，当我谈到经济改革与新文化建设问题时，有些企业家问我："新文化建设是教育界、文化界、学术界的事情，一个企业家能为新文化建设做些什么呢？"他们不知道企业界在新文化建设中的作用，是别人不能代替的。我对他们说：要使新文化对旧文化取得胜利，光靠知识界的努力是不够的。只有当企业家和新公有制之下的工人、农民参加到新文化建设中来，为商品经济的发展做出贡献，并在商品经济发展过程中共同摒弃传统文化、旧习惯势力的时候，新文化才能真正在中国的土地上生根。

综合起来说，企业家不仅在经济改革中为新文化建设而尽力，而且他们本身也在建设企业文化，即新文化的一种形态。这里特别需要说的是企业文化的建设问题。

企业文化是企业的一种文化观念和价值准则，是企业职工的信念和凝聚力的体现。如果企业仍然停留于行政机构附属物的地位，企业没有自己的独立利益，职工的利益与企业的经营状况缺乏联系，那就不可能形成企业文化。因此，企业的自主经营和自负盈亏、职工与企业利益的一致，就是企业文化建设的内部经济条件。企业文化的建设也有赖于企业的外部经济条件，即企业应当处于竞争性的商品市场环境中。假定社会主义商品经济没有发展，企业同外界的经济关系不是通过竞争来实现的，企业的交易活动全都由指令性的计划所规定，企业只不过是一个加工车间，那么企业也就无法使职工树立以效益、竞争、风险等观念为中心的价值准则，职工与企业之间也就缺乏一种患难与共、利益均沾的适应关系存在的基础，这样，企业文化的建设必定是一句空话。

因此，企业文化的建设过程中，从经济上说最为重要的，一是企业自身的改革，即企业从传统的政企不分的公有制企业，转变为具有独立商品生产者地位的新型公有制企业，从内部解决企业与职工的适应问题；二是企业环境的改革，即企业所处的经济环境应当是竞争性的、交易活动公开化和合约化的环境，市场既给企业以机会，又给企业以压力，从而企业得以在这样的环境中重新调整自己与全体职工之间的利益关系，建立彼此适应的关系。这两个条件都表明，社会主义的企业文化是社会主义经济改革的产物，是社会主义商品经济发展以及建立了社会主义商品经济条件下的新型公有制的结果。

从文化上看，由于企业文化是新文化的重要组成部分，企业文化不可能脱离新文化而孤立地存在，因此要理解社会主义企业文化的产生条件，必须把新文化作为企业文化的整个文化背景来考察。社会主义新文化以科学与民主为特色。对人的重视、对人的关心和培养是新文化区别于旧文化的重要特征。就现代企业的经营与管理来说，如果忽视了人在企业中的地位，忽视了人的主动精神、积极进取精神、创造精神，那么企业文化也就无从谈起。然而，企业只是社会的一个微观经济单位，企业与职工的关系、企业中的人际关系是社会中的人与人之间的关系的一个缩影。企业中的人与人的交往是不可能脱离社会这个大环境而实现的。假定整个社会被旧文化所支配，假定作为旧文化的核心的非科学、非民主的思想仍然统治着社会，假定用利益原则来处理企业内部人际关系等做法仍然受到一些人的非议，那么也就谈不上企业文化的建设与发展。

与经济改革的情况有所不同的是，在文化领域内要进行变革并且使新文化占据支配地位，相形之下要困难得多。当然，这并不是说经济改革不会遇到阻力，不会发生波折。就以新型公有制的建立来说，由于存在着各种不同的阻力和困难，这方面的进展远不是那么容易的。何况新型公有制的建立，包括企业与政府之间关系的改变，企业与职工之间关系的改变，特别是职工不再以名义的所有者身份出现而以实际的、具体的所有者身份出现，也需要涉及传统价值观念被抛弃和现代价值观念的树立等问题。但不管怎样，在经济改革过程中，只要朝着社会主义商品经济的发展和新型公有制的建立等方向前进了，经济效益的提高和人民收入的增长，以及随之而来的人民生活水平的上升就具有最大的说服力，以证明经济改革是有成效的。这时，无论什么人对社会主义商品经济和新型公有制进行非难，都会在得到经济改革实惠的群众面前被冷落。但包括企业文化在内的新文化的建设却不可能有这样的反响。新文化建设意味着旧的价值观念的转变。旧文化在这方面的统治是牢固的，阻力不仅来自社会，而且来自人们自己。企业文化的成果固然可以直接反映于企业经济效益的提高上，但人们往往不把这种效益的提高归结为文化建设的成就，而仅仅把它们看成是经济改革的产物。相反地，新的就业观念、新的劳动报酬原则、新的福利标准、新的人际关系、新的消费态度和投资心理等，很可能引起在不同程度上受到旧文化深刻影响的人们的不安，因为这一切都与传统的看法不一致。企业内部存在着这种不协调情况，企业外部也存在这种不协调情况，这一切清楚地说明了在文化方面所遇到的阻力要比在经济方面所遇到的阻力更大，清除这些阻力的文化建设工作也就必定更艰巨。

具体说来，企业文化建设将从以下这些方面推动经济发展：

第一，企业文化的建设在某个具体的企业中取得了成绩，必然会对其他企业起着示范作用。其他企业会考虑这样一些问题：为什么在那个企业中出现了新的人际关系，职工与企业之间的关系会变得如此适应，经济效益会有如此显著的提高？在那个企业中能够实现的，为什么在自己这里还不可能实现？企业文化建设方面的差距是否反映了企业本身在体制改革方面的差距？于是这些企业将由此寻找差距存在的原因，并在社会经济等方面探索加速改革的途径。这种示范效应不仅会在企业领导人中间产生，而且也会在企业职工之间产生。而一旦其他企业的领导人和职工们都感到了加速体制改革的必要性和建设企业文化的必要性，企业体制改革的进程和企业文化建设的进程都会加快。

第二，企业文化的建设在某个具体的企业中取得成绩所给予政府部门的影响，同样是不可低估的。政府无非是从企业收入的增加和政府从企业所得到的收入的增加，从企业产品受到社会的欢迎和社会供求矛盾的趋于缓和，以及企业职工情绪的稳定、职工积极性的增加等方面来考察企业文化建设的效果。由此，政府部门将会对这些企业在企业文化建设方面所做出的成绩感兴趣，愿意总结经验，进行推广。只要政府部门认识到有这些需要，它就会进一步考虑这些企业取得成绩的原因，并把这些企业同另一些企业进行比较：为什么这些企业在企业文化建设中能够取得成绩而另一些企业做不到这些？是不是这些企业在体制改革中有某些重大的进展，才使它们具备发展企业文化的条件？政府部门将不再局限于总结这些企业取得成绩的经验，而必然会以此作为例证来推动其他企业的体制改革。个别企业取得成绩，对政府部门来说固然是重要的，但对政府来说更重要的是推广这种经验，让更多的企业通过体制改革而取得同样的成绩。这样，个别企业的企业文化建设成就必定会推进整个企业体制改革的进程。政府部门的这种作用是个别企业所无法替代的。

第三，企业文化的建设在某个具体的企业中取得了成绩，从文化的角度来看，其影响绝不会仅限于企业本身或仅限于本企业职工及其家属这一较小的范围。这就是说，以某个有成就、有影响力的企业的"企业精神"体现出来的企业文化，会对社会文化中的旧传统产生冲击。比如说，当社会上还流行着平均主义的分配思想的时候，如果某一个企业大胆地进行了分配制度的改革，破除了平均主义的分配方式，实行按有效劳动分配或按效益分配，那就很可能在社会上引起震动，使社会上那些有平均主义分配思想的人先是惊讶，然后通过企业效益增长和职工收入普遍上升的事实的教育而逐渐明白了道理。又如，假定与旧文化紧密联系的等级观念至今仍有相当大的影响，那么一旦某个企业进行了改革，并在企业文化建设过程中建立了新的人际关系，破坏了传统的等级制度和等级观念，那么这也将引起社会的震动，这种震动最终必将冲击社会上存在的等级观念，从而推动着新文化的传播。尽管企业文化建设的成就对社会文化和价值观念的影响是无形的，但这种无形的影响是绝不能低估的。

（1989 年）

道德力量调节的独特作用

道德力量调节的作用是市场调节与政府调节所替代不了的，也是法律所替代不了的。

道德力量调节是市场调节、政府调节以外的第三种调节。即使在市场经济中，在市场调节与政府调节都起作用的场合，在法律产生并被执行的场合，道德力量调节不仅存在着，而且它的作用是市场调节与政府调节所替代不了的，也是法律所替代不了的。

道德力量超越市场、超越政府

为什么说道德力量超越市场和政府呢？

第一，在市场尚未形成与政府尚未出现的漫长岁月里，既没有市场调节，也没有政府调节，道德力量调节是这一漫长时间内唯一起作用的调节方式。不仅远古时期的情况如此，即使在近代社会，在某些未同外界接触或同外界接触不多的部落中间，在边远的山村、孤岛上，甚至在开拓荒芜地带的移民团体中，市场调节不起作用，政府调节也不起作用，唯有道德力量调节才是在社会经济生活中起作用的调节方式。因此，完全有理由把道德力量调节称作超越市场与超越政府的第三种调节。

第二，在市场调节与政府调节都能起作用的范围内，由于市场力量与政府力量全都有局限性，所以这两种调节之后会留下一些空白。当然，在某些情况下，政府调节可以弥补市场调节的局限性；在另一些情况下，市场调节也可以弥补政府调节的局限性；但政府调节是不可能完全弥补市场调节的局限性的，正如市场调节不可能完全弥补政府调节的局限性一样。一个明显的例子就是：由于人是"社会的人"，人不一定只从经济利益的角度来考虑问题和选择行为方式，人也不一定只是被动地接受政府的调节，所以市场调节与政府调节都难以进到人作为"社会的人"这个深层次来发挥作用。市场调节与政府调节留下的空白只能依靠道德力量调节来弥补。从这个意义上说，道德力量调节是超越市场与超越政府的一种调节。

第三，社会生活是一个广泛的领域，其中一部分是交易活动，另一部分是非交易活动。在交易活动中，市场调节起着基础性调节的作用，政府调节起着高层次调节的作用。而在非交易活动中，情况便大不一样了。由于这些活动是非交易性质的，所以不受市场规则的制约，市场机制在非交易活动中是不起作用的。至于政府调节，则只是划定了非交易活动的范围，使它们不至于越过边界，而并不进入非交易活动范围之内进行干预，这样，非交易活动就要由市场调节与政府调节之外的道德力量来进行调节。

第四，在市场出现与政府形成之后，由于种种原因，市场可能失灵，政府可能瘫痪，市场调节与政府调节都有可能不发生作用或只发生十分有限的作用。但即使在这些情况之下，道德力量调节却依然存在，并照常发生作用。这又是可以把道德力量调节称作超越市场与超越政府的调节的理由之一。

基于以上分析，我们可以说，道德力量是超越市场，超越政府的。

道德力量调节介于"无形之手"与"有形之手"之间

需要说明的是，道德力量调节是介于市场调节与政府调节之间的，市场调节被称作"无形之手"，政府调节被称作"有形之手"，道德力量调节介于"无形之手"与"有形之手"之间。在道德力量调节的约束力较强时，它接近于政府调节，而在其约束力较弱时，又接近于市场调节。那么，为什么道德力量调节的约束力有时较强，有时却较弱呢？这主要取决于两个因素：

一是道德力量调节是否已经成为一种被群体内的各个成员认同的约定或守则。如果它已经成为各个成员认同的约定或守则，约束力就较强，否则就较弱。比如说，乡规民约是一个群体的所有成员共同约定的，成员们就有遵守的义务，这时，体现于乡规民约中的道德力量调节就会有较强的约束力。再说，行业组织作为民间的组织，对于参加本行业的企业有一些共同遵守的守则，例如要求企业讲信用，重视消费者利益、职工利益等。这既不属于市场调节，又不属于政府调节，而是本行业的自律行为，所以也属于道德力量的调节，但同样对本行业的成员有较强的约束力。

二是群体的各个成员对群体的认同程度的高低。如果成员对群体的认同程度较高，道德力量调节的约束力就较强，否则就较弱。不妨仍以乡规民约为例。乡规民约是某一群体的成员所制定的，如果该群体的成员对群体的认同程度较高，他们遵守乡规民约的自觉性较高，从而乡规民约对成员行为的约束力也就较强。

当然，道德力量调节在某些场合的约束力较小，这并不意味着道德力量调节不起作用，而且，也不是任何情况下道德力量调节的约束力越强越好。这是因为，道德力量调节的形式多种多样，乡规民约这种形式下的道德力量调节一般会有较强的约束力，而自律这种形式下的道德力量调节虽然没有什么约束力，但却经常发挥作用，对个人的行为产生影响。文化建设，包括企业文化建设、社区文化建设、校园文化建设等，都属于道德力量调节范围。文化建设对个人行为的影响，虽然是潜移默化的，但却是持久生效的。随着非交易领域的扩大，道德力量调节的作用日益突出。

从社会发展的趋势来看，由道德力量调节起主要作用的非交易领域内的活动有可能不断增多。这是一个值得注意的现象。历史上，在生产力发展水平极低的时候，交易领域几乎不存在，那时非交易领域几乎覆盖全部社会经济生活。以后，随着生产力的发展，交易领域逐渐扩大，非交易领域则相应地逐渐缩小。

而在生产力发展水平大大提高以后，非交易领域在社会经济生活中所占的比例又会逐渐增加。也就是说，在经济高度发展之后，随着人均收入的增长，人们的需要也将随之发生由较低层次向较高层次的转变，人们的价值观念必然相应地发生变化，包括对利益的看法、对职业的看法、对生活方式和生活本身的看法、对家庭和子女的看法、对人与人之间关系的看法、对物质财富和精神享受的看法等等，都处于不断变化之中。于是非交易领域的活动也将随着国民收入和个人可支配收入上升到一个新阶段之后而增多，非交易领域内的各种关系也会因此而得到发展。这是社会经济发展的必然趋势。道德力量调节既然在非交易领域内起着主要作用，那么显而易见，随着非交易领域的不断扩大，道德力量调节在社会经济生活中的作用也将越来越突出。

在当前我国经济持续发展中，强调市场调节、政府调节和道德力量调节并重，是十分必要的。三种调节并重，实际上表明了他律和自律的并重、法律和道德的并重、经济和文化的并重，这正是建设和谐社会所必需的。

（2011 年）

信誉是最重要的社会资本

经济学中的社会资本概念

经济学中的社会资本是一种无形资本。与当前媒体上使用的"社会资本"不同，媒体用法指的是民间资本，是有形的。经济理论上所使用的"社会资本"，是与物质资本、人力资本相对而言的一种无形资本。

人际关系是任何一个人都可以拥有的社会资本。

人际关系广，人际关系好，就表明社会资本多。广东、浙江就是这样的例子。

人际关系是靠信誉支撑的，因此信誉是最重要的社会资本。只要个人有信誉，别人愿意同你来往，拉你一把，扶你一手，你就有社会资本可用了。反之，即使你有朋友、同乡、同学，信誉差，别人不同你来往，你的社会资本就消失了。

社会资本在经济中的作用

无论在市场中还是在非市场活动中，谁都离不开人际关系，也离不开信誉。

非市场活动占据了一个人一天的主要活动时间，如果失去信誉，失去亲朋好友，失去合作伙伴，那么生活会变得很不如意，无生活质量可言。市场活动更是如此。

就市场而言，不管什么样的人际关系，都应该看成是合作互助关系。这种合作互助关系，可以是有形的，比如有合同、有默认，也有约定等，但也可能是无形的。按照社会的惯例来处理，大家都处在同一个市场环境中。这全靠信誉来维持。

实际上，人们之间各种有形无形的合作互助关系，都建立在互信的基础上。由此来看，"诚信为本"意味着任何一个人必须以诚信作为自己的社会责任。互信就是双方互相都以诚相待。这也是彼此双方都尽到了社会责任。

社会资本在经济中起着重要的交流、相互支持和互利合作的作用。如果人人在市场经济中和非市场活动中都坚持诚信原则，大家的社会资本都会增加，物质资本、人力资本和社会资本的结合就更顺利了。

社会资本、物质资本、人力资本三者间的关系

物质资本、人力资本、社会资本三者共同创造财富和收入，离开任何一项都不行。当然，物质资本、人力资本仍是基础性的。

仅有物质资本和人力资本，而缺少社会资本，财富和收入的创造只能是有限的。为什么有限？因为这反映某个人或某个企业实际上得不到别人的帮助，他是孤独地创造财富和收入。

市场范围越大，交易关系越多，社会资本越显得重要。

这表明，在现阶段的中国，社会资本对人们的意义比以往任何时候都更突出。

物质资本和人力资本都可以用数量来表示，而社会资本，尤其是信誉，难以用数量来表示。如果一定要反映社会资本多和少，以信誉为例，可以用社会中的个人信用记录来反映。信用记录可以作为评价一个人的诚信与否的依据。

信任危机的严重后果

一个人信誉不好，影响个人的发展；而社会普遍缺乏信用，将影响社会的发展与进步。

为什么个人或企业会不顾信誉？一是被利益所诱惑；二是存在侥幸心理，以为这样做成本小、盈利多，被发现的概率小，何况被罚或赔款也低于可能获得的好处。这种想法是错误的。要知道，一个人的信誉是最重要的社会资本。

不仅如此，如果社会普遍缺少信用，将发生社会信任危机，正常的社会经济运行将严重受损。假如信任危机发生了，社会将陷入无序状态，社会生活也将因无序而陷入混乱状态。

"你骗了所有的人，最后你发现你被所有的人骗了。"这表明失去社会信任的任何人，最终都会被社会所抛弃。失去社会信任的任何企业，同样会有这样的下场。

增加社会信任度，这是一个关系到民族生死存亡的大问题，不能认为这是小事。

社会资本是多年累积而成的

任何人，从小到大，社会资本靠多年积累而成，人际关系就是如此。你帮助别人，你也会得到别人的帮助，不管是有形的帮助，还是无形的帮助。社会的成长过程正是这样。

任何人，从小到大，信誉靠多年积累而成。企业信誉同样如此。

信誉的积累绝不是一朝一夕之功。以一家企业来说，品牌是最值钱的，这是多年努力经营才有的成绩。为了保住信誉，企业从上到下都要珍惜品牌。

信誉是多年积累的，信誉由好变坏，很可能就在一次偶然事件，如大堤溃塌一样。这就告诉企业和个人，不要以为一次做出有损信誉的事没有什么大碍，也许一次不慎，就把多年积累下来的信誉全毁了。

维护诚信是所有人的社会责任，因为没有诚信就不会有合作、互助、互惠和共赢。既然诚信如此重要，并且事关人人应尽的社会责任，所以在这个问题上切不可有所松懈。

道德底线和法律底线

任何一个人，不管从事何种工作，都应守住道德底线和法律底线。

法律底线当然至关重要，但守住道德底线同样重要。失信、违约、随意撕毁协议、欺骗，都等于自毁道德底线，同时也是在自毁人际关系。

任何一个企业，不管哪一个行业的也都应该守住道德底线和法律底线。

同任何个人一样，企业一旦不顾道德底线和法律底线，对人对己都会造成损害，这是置社会责任于不顾的做法。

政府工作人员同样应该牢牢守住道德底线和法律底线，这是最起码的社会责任。政府部门任何一个工作人员的行为，都代表政府的形象。所以，政府工作人员都必须加强个人的自律。政府形象绝不能因个别工作人员的违背法律和社会道德准则而损毁。

守住道德底线和法律底线，这只是最起码的社会底线，也是对每个人的最低要求。

自律当然重要，但如果没有严格执法，违法不究，没有舆论的监督、社会公众的监督，社会无序状态将继续存在。

社会责任当然不只是守住两条底线，至少这是起点。

也就是说，一个具有社会责任感的个人、企业或政府工作人员，应当以守住法律和道德的两条底线为起点，对自己有更高的要求。守住这两条底线，就是所有的社会成员，包括所有的企事业单位必须遵守的社会责任。

（2017 年）

建设生态文明：人类社会发展的新模式

一、人类对环境看法的转变

从人类社会发展模式的演变来看，起初都是只重视从自然界索取资源（资源索取），而不重视环境保护。这不仅是一个认识问题，而主要是一个关系到人类生存的问题：当初，不向自然界索取更多的资源，人类无法生存；后来，不重视环境保护，人类同样无法生存。

工业化以前，长时期内人类的生存环境总的说来是良好的。工业化以后，逐步出现生态破坏问题。

从人类社会发展模式的演变方面看，工业化开始以后，人类社会首先重视的是向自然界索取资源，即资源的供给。燃料的紧张就是一例。浅层煤矿都已采掘完了，为了炼铁和居民生活的需要，便大肆砍伐森林。直到抽水机的动力问题解决了，才挖掘深层的煤矿。后来，随着科技进步，又有了石油的大规模开采、天然气的使用和核能的开发。这都是资源的索取。

工业化过程中，工厂日益增多，工厂排放的废气、废水、废渣也越来越多。但当初这些并未引起社会的重视。人们关心的仍是资源的不足，如冶炼能力的不足、淡水供给的不足和机械装备的不足，于是尽可能多索取资源。最早关心环境保护的人士所注意的，主要是工厂附近贫民区的恶劣居住条件、街道卫生和城市的清洁用水等问题，因为这导致了贫民区死亡率高、流行病蔓延等情况的发生。

进入 20 世纪以后，尤其是到了 20 世纪中期，接连出现了河流鱼类死亡、田间野鸟死亡、工厂附近居民患病，以及开发沼泽地（索取更多的土地资源）引起的生态破坏等事件，专家们对环境问题严重性的揭露引起了社会的普遍警觉。社会上越来越多的人认识到，如果再年复一年地使环境恶化，使生态遭到破坏，不用说后代子孙无法再在这块土地上生存下去，甚至连这一代人的生存都存在问题。

于是从 20 世纪 70 年代起，环境保护成为各国共同关心的问题。环境治理也被各国政府提上了议事日程。

二、政府的两难选择

政府一直面临着两难选择：既要有持续经济增长，又要有好的生存环境。怎样协调持续经济增长同良好生存环境之间的关系，长期以来成为政府关心的重点；政府对环境的态度正是在这种背景下逐渐转变的。

政府，不管处于哪一种制度之下，也不管政府采取何种组织形式，在社会各界呼吁加强环境保护的背景下，政府实际上总是处于两难境地，一方面要保持经济的持续增长，另一方面又要维持良好的生存环境。然而，造成生态变化的直接责任者主要不是政府，而是在建设和生产过程中破坏环境、滥采资源以及排放废气、废水、废渣的企业，包括那些生产出有损于生态的产品的企业（如汽车、农药、化肥、纸张的制造商）。在政府看来，如果关闭这些企业，不仅使用这些产品的客户和消费者会感到不便，而且国民经济更会遭到巨大损失（如产值减少、失业人数上升、税收下降）；如果听之任之，那么生产继续恶化，后果极其严重，同样会引起社会动荡不安。政府必须兼顾经济增长和环境保护。再说，即使政府禁止新建会造成污染的企业，关闭已建的被列为污染源的企业，但已经造成的生态破坏如何恢复呢？已经污染的环境如何治理呢？这些都需要政府有大量人力、物力、财力投入，而在国民经济下滑的状态下，财政能负担这一切费用么？加之，沙漠化、石漠化之类事件的发生，一般是找不到具体的责任人的，能让哪些企业赔偿损失或支付具体的治理费用？

这样，政府唯有采取协调持续经济增长和保持良好生态环境之间关系的措施，即采取分期分批地治理环境的政策，目标是明确的，但发展模式的转变只可能逐步推进。政府必须有所作为，但又不可操之过急。于是便出现"先污染再治理"的模式和"边污染边治理"的模式。尽管这两种模式都优于以前长时期内存在着"对污染和治理都不闻不问"的做法。但都遭到社会有识之士的反对。在这个过程中，鉴于社会的压力，政府才逐渐转向"先规定废气废水废渣排放标准，再批准开工建设和生产"的做法。政府态度的转变是前提。但政府也认识到，在环境保护和治理中，任何操之过急的做法都会造成后遗症，反而会妨碍污染的治理和生态的恢复。然而政府最终仍是艰难地在两难中做出"环保一票否决"的选择。

三、技术与制度并重

在保持人与自然和谐的基础上发展经济，科学技术进步和制度、体制的完善二者缺一不可，并且二者是相辅相成的。人类社会发展模式的转变，既离不开科学技术的进步，也离不开制度、体制的完善。二者相比，制度、体制的完善可能比新技术新装备的引进更加重要。

这样就逐渐形成了人类社会发展的新模式。它不同于人类社会发展的传统模式。数千年来所盛行的传统发展模式是一种单纯向自然界索取的模式，也就是着重于资源索取的模式，结果造成人与自然界之间关系失衡并且使失衡日益加剧。这通常在贫困地区的扶贫开发过程中表现得更突出。传统的贫困地区发展模式依然没有摆脱索取资源的老路和结果，尽管贫困地区的经济增长率上去了，但资源被掠夺性地开采，生态遭到破坏，贫困地区并未因此真正走上致富之路，滞留在贫困地区的人们的生活质量反而下降。生态问题虽然在工业化以前就已存在，但由于那时经济增长率低，经济增长（主要是农业、畜牧业和手工业增长）对环境的破坏还不严重，所以人与自然界之间关系还不那么紧张。工业化开始后，特别是进入工业化中期以后，人对自然界的索取急剧加大了，工业发展造成生态破坏，农业由于化肥、农药的广泛使用也给生态造成了巨大破坏，还有，居民因使用工业品（如汽车、化工产品等）同样给生态带来破坏。这样就迫使社会发展模式发生转变，即由单纯向自然界索取资源的传统模式转向新的模式。

新模式是一种保持人与自然和谐，并在这种和谐的基础上发展社会经济的模式。或者，简要地说，新模式是一种促进社会经济可持续发展的模式。如上所述，为了转向这种发展模式，科学技术进步和制度、体制的完善是必不可少的。唯有依靠科学技术的进步，才能在人与自然和谐的基础上，逐渐用绿色能源、绿色原材料来改造现有的工业企业，发展新的产业部门，保证国民经济的持续增长。唯有依靠制度、体制的完善，才能逐步形成企业自觉地遵循节约能源、保护环境的原则而进行生产的机制，以达到人与自然趋于和谐的目标。

新模式需要从三个环节上着手推进：一是建设过程，即在工业企业建设期间就应当有严格的环境保护方面的规定；二是生产过程，即在工业企业生产过程中必须严格执行节能减排、保护环境的规定；三是产品销售和使用过程，即在这些过程中防止破坏环境和浪费资源。因此市场绝不是万能的，政府的监督管理绝不能放松。

四、公众参与的必要性

建设生态文明，离不开公众的参与，公众不仅要有知情权、监督权，还要积极投身于环境治理、资源节约、生态教育等工作中，这样才能保证社会发展模式的有效转变。

要实现从传统的社会模式向新的发展模式的转变，要建设以人与自然的和谐为目标的生态文明，公众的参与是非常重要的。

第一，没有公众的参与，环境保护和社会发展模式的转变只可能停留于政府和学术界层面上，而不可能形成一种社会共识、一种公共目标。有了公众的参与，环境保护和发展模式的转变就成为全社会的一致行动了。例如，对工业企业排放废水、废气、废渣的行为监督，家庭生活废品的回收，环境的绿化，对野生动物的保护和濒危物种的拯救，环境卫生，等等，只有在公众参与之下才能取得更好的成效。

第二，公众参与也是对政府是否尽到保护环境和治理环境责任的有效监督。在生态文明建设中，公众应有知情权、监督权。政府换届时，对到届的政府官员在任期内的环境保护和环境治理的政绩的评价，以及对新一届政府在这方面的承诺，包括以后履现承诺的情况，公众参与起着有力的监督作用。

第三，对一切已经造成或可能造成生态破坏的企业及其领导人而言，公众的监督同样是有效的。保护环境是企业应尽的社会责任，企业违背了这一社会责任，在公众的抵制下，企业不仅会失去市场，甚至会遭到比政府处罚更大的经济损失。

第四，在生态文明建设中，居民生活方式也应随着社会发展模式的转变而转变。例如，在住房的购买方面，居民倾向于节约能源和位于环境较好地区的住房；在汽车消费方面，居民倾向于选择耗能少、排放量低和以新能源为动力的车型；在饮食方面，居民倾向于健康、安全的食品，拒绝食用国家保护动物；在生活用水方面，居民坚持节约用水；等等。由此可见，如果居民生活方式不改变，生态文明建设不容易取得成效。这就再一次说明公众参与的意义。

在这里尤其需要强调的是，消费同样体现了生态文明的建设。关于生产过程中对生态文明建设的忽视所造成的危害，人们现在认识得比较清楚了，然而消费方式的不当同样会造成对环境的损害，却是人们至今仍易于忽视的。因此，生态文明建设要从自身做起，从家庭做起。比如说，资源节约、废品回收、饮食习惯合理化等，同每一个家庭的生活方式改进有关，不合理的家庭生活方式的转变，是一件有益于社会的大事。

五、经济低碳化的途径

我国应当有实行经济低碳化的对策。这不仅需要从科学技术方面采取措施，更要兼用行政手段和市场手段。

今后，国际社会会越来越关注二氧化碳的排放，经济低碳化将是人类生产和消费活动的方向，也是各个国家进一步发展要遵循的道路。近年来，我国在这方面投入了不少人力、物力、财力，在经济低碳化的工作取得了明显的成绩。现阶段我们面临的问题是：如何适应国际社会的经济低碳化的要求，使我们在走经济低碳化道路的过程中，既能保证经济的平稳增长，又能不断缓解就业压力，让更多的人得到就业机会？

这是一个难题，因为按照经济低碳化的要求，有必要关闭一批小煤窑、小钢厂、小火电厂、小水泥厂、小造纸厂、小化工厂等等，势必会引起相当多数量的工人下岗、失业，还会使一些地方政府的财政收入减少。在上述这些被关闭的小厂矿中工作的，大部分是农民工，他们的下岗、失业，又会使农民收入下降，使农村本来就较低的购买力又进一步减少。这些无论对经济的增长还是社会的稳定都会产生消极的影响。

那么，应对经济低碳化的途径究竟何在？我们怎样才能既实现经济的低碳化，又保证经济的平稳增长和就业的扩大？这是一个有待于学术界继续探讨的课题。在这里，我想谈谈个人的几点看法。

第一，在工艺设计、新产品设计方面希望有较大的突破。以往在这些设计过程中主要考虑的有毒的废水、废气、废渣的排放及其处置问题，而没有注意二氧化碳的排放量和如何使其减少。现在，在设计的创新中不仅要使产品新颖、实用、安全可靠，还要节约资源、减少污染。也就是说，如果把减少二氧化碳排放早就考虑在内，不仅有利经济的低碳化，而且这本身就是扩大市场和促进增长的途径。

第二，抓紧新能源和新材料的研究开发。新能源和新材料的市场前景是非常广阔的。以新能源逐步代替煤炭和石油，以新材料代替原来在生产过程中可能排放较多二氧化碳的旧材料，都有助于减轻环境承受的压力。而且，通过新能源的推广使用将会使汽车行业得到技术改造，通过新材料的推广使用将会使制造业设备更新，使房地产业和建筑业发生材料革命，都能带动经济的增长。

第三，大力发展环保产业。环保产业有狭义和广义之分。狭义的环保产业主要指环保设备、仪器、各种监测手段以及净化环境的各种物品的制造业，也包括运用环保设备等从事净化环境、恢复受破坏的环境的有关行业。环保产业前景乐观，因为社会对环保产业产品的需求是扩大的，社会对环保产业产品的需求是扩大的，社会对环境治理的期望值是上升的。而从广大的环保产业角度来看，绿化造林，土壤改良，治沙，治石漠化，净化江河湖泊和海岸滩涂，资源回收和利用都包括在环保产业之内。这些工作的进展是有助于经济增长和社会发展的。

第四，运用资本市场推进经济的低碳化。发展环保产业，实行循环经济，走经济低碳化的道路，都是需要持续投入的。庞大的资金来自何处？政府投入的资金毕竟有限，而且财政拨款不可能直接投入广大企业用于更新设备和研究开发等项目。运用资本市场将是企业技术改造的筹资方式之一。这对所有的企业在技术改造方面都有促进作用。特别是对那些从事低排放技术和资源回收技术研究开发、设备制造的企业来说，它们在这方面越有成效，通过资本市场所筹得的资金就越多，发展前景就越好，从而会鼓励更多的企业走这条路。

应当针对低碳化的实施情况采取有差别的税收措施。比如说，在资源的采掘、原材料的投入生产过程中的排除，对可能引起污染的产品制造，以及废品回收方面要针对不同情况，或者给予不同制度的优惠，或者施以不同程度的处罚。

从以上的分析可以看出，只要措施得当，走向经济的低碳化不一定会导致经济增长率下滑，也不一定会造成大批工人下岗失业。关键在于如何发现和利用实行经济低碳化过程中涌现出来的商业机会。即以关闭、重组、改造一批污染严重、资源消耗率高、经济效益差的小厂来说，未尝不可能涌现新的商机，使就业岗位在结构调整中增加。从长远看，经济的低碳化意味着新的增长点的形成，意味着新的市场将呈现在企业面前。

（2009年）

代 跋

我最重要的学术观点是什么

如果有人问我:"在你撰写过的若干本关于当前中国经济的著作中,你认为最能反映自己的学术观点的是哪一本书?"我将这样回答他:"这就是摆在我们面前的这本《非均衡的中国经济》。"为什么我做出这样的答复?我是有所考虑的。在我已经出版的著作中:

《体制·目标·人:经济学面临的挑战》(黑龙江人民出版社 1986 年版)是一部比较经济研究的著作。尽管其中有相当多的篇幅讨论了中国经济问题,并且提出了研究社会主义经济理论的方法,但它毕竟不是关于当前中国经济的专著。

《社会主义政治经济学》（商务印书馆1986年版）是一本教科书。它表述了我的经济理论体系，但书中较少涉及现实中的经济问题。更重要的是，它是为社会主义政治经济学的初学者而写的，它不可能就某些经济理论问题进行较深层次的剖析。当然，就个人的经济理论体系的表述而言，我认为该书是最完整、最系统的。

《经济体制改革的探索》（人民日报出版社1987年版）专就公有制基础上的股份制、控股制和企业集团问题作了论述，而并未涉及其他问题。

《国民经济管理学》（河北人民出版社1988年版）也是一本教科书。它主要从近期、中期、长期的角度阐释了国民经济管理的原则和政策措施。但由于教科书有教科书的任务，所以有关非均衡领域内的深层次问题不可能在书中有充分的论述。

《中国经济改革的思路》（中国展望出版社1989年版）集中反映了我为中国经济体制改革所设计的总体方案，包括改革的主线、配套措施和实施步骤，但它并不是一本关于非均衡的理论著作。

《中国经济往何处去》（香港商务印书馆1989年版）是我1989年年初在香港的演讲集。它是针对中国经济改革的若干具体问题而阐发的。在承包制如何向股份制过渡、国营大中型企业为什么不能实行私有化、国有资产如何管理等问题上，书中都有较详细的论述，但它仍然没有就中国经济的非均衡状态进行系统的分析。

现在摆在读者面前的这本《非均衡的中国经济》与上述这些著作有以下三个重要的区别。第一，它是一本学术专著，而不是专为大学生而写的教科书。虽然我的分析以《社会主义政治经济学》和《国民经济管理学》中已阐述的原理作为出发点，但对非均衡经济的理论分析要比那两部教科书中所阐述的要深入得多。第二，它的重点是现阶段的中国经济，而不像《体制·目标·人》那样以比较经济研究作为重点。第三，它的理论性很突出，即主要从非均衡经济的特征着手分析，以说明资源配置失调、产业结构扭曲、制度创新的变型等现象的深层次原因，而不像《经济体制改革的探索》《中国经济改革的思路》《中国经济往何处去》那三本书那样把中国经济的非均衡状态作为既定的前提，从而直接探讨中国经济改革的具体方案的制定。正因为如此，所以我把这本《非均衡的中国经济》视为最能反映我关于当前中国经济的学术观点的著作。

在本书中，我自己感到具有特色的是这样八方面的分析：

一、经济的非均衡有两类。第一类非均衡指市场不完善条件下的非均衡，第二类非均衡指市场不完善以及企业缺乏利益约束和预算约束条件下的非均衡。当前中国经济处于第二类非均衡状态中。我们应当力求使经济先由第二类非均衡过渡到第一类非均衡，然后再使第一类非均衡中的非均衡程度逐渐缩小。

二、在非均衡条件下，社会主义经济中有可能发生"滞胀"。"胀"分两类：公开的"胀"和隐蔽的"胀"（指表面上物价未变，实际上有价无货）。"滞"也分两类：公开的"滞"和隐蔽的"滞"（指表面上总产值增长，实际上有效供给并未增加）。于是"滞胀"可能有四种不同的组合方式。为了防止和治理"滞胀"，必须根据具体的情况选择相应的措施。

三、不可忽视结构因素在当前中国经济失衡中的作用。产业结构调整之所以困难，与企业运行机制的弊病、企业行为短期化，以及社会行为短期化有关。因此，只有加速企业运行机制的改造并积极发挥政府在商品市场配额调整和建立社会主义商品经济秩序中的主导作用，才能促进产业结构合理化。

四、在非均衡经济中，经济的波动是常见的。人们常问：经济什么时候走出"低谷"？要知道，走出以产值增长率计算的"低谷"比较容易，因为通过政府直接采购产品或企业在信贷支持下采购产品，可以使产值增长率回升。要走出以企业经济效益增长率计算的"低谷"，或以财政实际收入（即扣除物价上涨影响并且不包括债务收入）增长率计算的"低谷"，远非易事。必须着手企业进行机制的改造，才能使国民经济真正走出"低谷"。

五、非均衡经济中存在着各种"刚性"。但在当前中国的非均衡（第二类非均衡）经济中，除了有"工资刚性""就业刚性""福利刚性"等等以外，还存在一种特殊的"刚性"——"企业刚性"。这是指企业实际上不负盈亏或负盈不负亏，从而企业破产难以实现。经济中的许多困难都与此有关。不消除"企业刚性"，中国经济只可能长期处于第二类非均衡状态中。

六、在商品短缺条件下，如果存在着较大的资源约束，那就不可能取消短缺商品的价格双轨制。否则，即使表面上取消了两种价格（计划价格与非计划价格）之差，但实际上又会形成新的两种价格（公开价格与地下价格）之差。因此，在条件尚未成熟之时就过早地全面放开价格，只可能引起社会经济的动荡，并导致一些人利用公开价格与地下价格之差牟利。

七、在社会主义商品经济中，某些资源的稀缺性以及由于这种稀缺性而引起的独占，将会长期存在。

政府应对此进行调节，如向独占稀缺资源的生产者征收一定的资源税等。但必须注意到，政府不应把这些生产者所获得的超过平均利润的那部分收入全部取走，而只应取走其中的一定份额，否则不利于资源利用效率的提高。

八、在当前中国的非均衡经济中，经济改革的深化非常必要。但经常遇到一个难题，即新的制度和政策都容易走样（本书称之为"制度变型"），这主要与制度创新的不规范、企业和居民个人预期的变化、市场的不完善等有关。只有从这些方面进行调整，"制度变型"问题才能得到较好的解决。

（2009年）

编后记

经济与文化向来有着密切的关系。正如厉以宁先生所认为的，改革不仅是与旧经济体制发生冲突，而且是同有两三千年历史的旧文化、旧习惯势力发生冲突。同时，改革的成功也意味着新文化的建立，意味着优秀的传统文化在其间的重要作用和继承创新（详见《为新文化创造经济基础》）——中国经济和文化的发展，都需要这种超越性的视野，这就是"中华文化新读"系列收录编辑厉先生这本文集的缘起。

2021 年春我开始为这本书进行初步编辑，在四十年来厉老师送我的几十部著作中挑选出来五十余篇文章，呈送给活字文化出版公司。活字文化在此基础上精编出了这本《沉沙无意却成洲——中国经济改革的文化底色》。

编辑中考虑到了时代变革，理论进步，涉及改革开放诸多领域，尽可能呈现厉先生在每个领域的代表性观点，涵盖了他在这个可能是中国历史上最强的改革年代的理论和实践上的贡献。

在经济学家的身份之外，厉先生身上还展示了深厚的国学教育的功底，他写有大量的旧体诗词并已结集出版，书名即来自厉以宁先生所写小令《鹧鸪天》中"沉沙无意却成洲"一句，厉先生自己解释说："中国的改革开放就像一条大河滚滚向前，其中难免泥沙俱下，但到一定的阶段，这些泥沙会沉淀下来，变成社会主义和谐社会的绿洲。只要中国这块社会主义绿洲欣欣繁荣，那么世界上社会主义不但不亡，也将充满生机。对此我充满信心。"

书中第一章《岂是闲吟风与月》，多选取厉先生游记散文，厉先生在游历中以各国的历史为鉴，通俗易懂地讲述经济学的常识性问题，并对中国的现实问题形成关照。第二章《何不乘风破例飞》，体现了厉先生在不同时期对探索中国道路的思考、在中国经济改革中的重要贡献，在突出他主要的经济学观点的同时，强调的是中国道路的独特性与改革的必要性和坚定性。第三章《溪泉涓滴却无穷》，主要选取厉先生在中国经济高速发展之后提出的新方向、新思考，他更关注文化建设、道德约束、可持续生态发展与中国道路之间的关系，更重于人文思考，如涓涓溪流，连绵不绝，滋养中国未来的可持续发展。

我们有幸经历了中国最伟大的时代变革。四十余年不间断的改革开放，中国从一个贫穷落后的国家变成了一个富裕强盛的国家，在这个过程中，厉先生以其声音，以其文字，以其思想为改革付出了巨大努力，成了改革开放中不可磨灭的标签。我们作为他的学生，从他授课中感受到了什么是条理和逻辑，从他著作中感受到了什么是勇气和创新，从他思想中感受到了什么是智慧和大家风范。厉老师才学过人，家庭和睦，生活简朴，无论在工作中还是在生活上都是我们后进的终生榜样。我们可能永远达不到厉老师那个高度，也无法像他那样为国家和民族做出那么大的贡献，但是可以在书中体会厉老师教书育人的心得，和参与社会改革的建言献策，从而在我们人生道路上获益。

在此书编辑过程中，特别应该感谢的是国际儒联吴浩先生和活字文化李学军女士超前的策划和周密的安排，使得本书顺利出版。此外，傅帅雄从宏观综合角度、尹俊从理论分类角度、刘焕性从政协工作角度、李旭鸿从香港专栏作者角度都提出过宝贵意见，参与者还有许俊伟博士。在此特向他们表示感谢。

本书还采用了厉先生夫人何玉春老师所绘的国画作为插图，这也是两位先生六十多年来相濡以沫、夫妇珠联璧合的一种象征。

车耳

2021 年 7 月

出版说明

历经数千年风雨沧桑的中华文化，绵延至今，生生不息，滋养着中华文明的持续发展，也成为当今世界重要的精神资源。

中国国家主席习近平在纪念孔子诞辰2565周年国际学术研讨会暨国际儒学联合会第五届会员大会开幕会上的重要讲话中鲜明指出，中华文明不仅对中国发展产生了深刻影响，而且对人类文明进步做出了重大贡献；强调要认识今天的中国、今天的中国人，就要深入了解中国的文化血脉，准确把握滋养中国人的文化土壤。

当前，我们正逢急剧变化的时代和文明格局，更为迫切需要读懂中华文化的博大精深，建立全面认知自身历史的版图；我们也需要对传统文化进行创造性转化、创新性发展，重新挖掘其被遮蔽和误读的内在价值；我们还需要在不同文化交流和多样文明对话的场域中，有能力充分展现中华文化的精髓和智慧。

由国际儒学联合会发起和支持、活字文化策划组织的这套"中华文化新读"丛书，因此应运而生。

丛书以对中华文化的前沿研究为立足点，汇集各领域当代重要学者的原创成果，以新视野、新维度、新方法阐释传统文化，以鲜活的语言深入浅出地解读我们的历史和思想，大家写小书，国故出新知。是为宗旨。

二〇二一年九月